AF612863

AGENDA PARA EL DESASTRE

Rose Marie Tapia R.

ISBN 978-9962-00-562-9

Portada: Manuel López
Fotografía: Plinio Rangel

CAPÍTULO 1

No fue por miedo que recibí a ese miserable. Hasta el momento no he encontrado un solo hombre que me inspire ese sentimiento. Lo hice por simple curiosidad, pues atreverse a amenazar al presidente electo, a solo horas de tomar posesión, es un suicidio, y quise saber de qué madera estaba hecho el arriesgado.

Conocí a Tito Blanco durante mi campaña política, cuando me prestó algunos servicios. La especialidad de este tipo es desprestigiar y difamar; actividades que realiza solo por dinero, mucho dinero. No tuve quejas de su trabajo. En cuestión de dos días hizo trizas a mi oponente más acérrimo. La documentación que presentó a los medios fue impecable; ni el mejor de los peritos la hubiera podido invalidar. Le pagué bien por ese trabajito, el doble de lo que me pidió. Ahora, seis meses después, se atreve a decirme que si no lo atiendo me voy a arrepentir. Perro asqueroso, no sabe lo que le tengo reservado.

Tito Blanco llegó al despacho privado del presidente electo. Le había enviado varios mensajes solicitándole una cita, pero la respuesta siempre había sido la misma: que estaba ocupado. Harto de tantas evasivas, le envió un ultimátum: o lo recibía, o él convocaría una conferencia de prensa en la que revelaría todas las oscuras acciones de su campaña.

Arturo Aparicio Álvarez, el secretario privado del presidente, montaba guardia desde su escritorio, en su clásica postura, con el rostro inclinado hacia delante. Mientras aguardaba el ingreso de Tito Blanco, pensaba que solo un idiota usaría su apodo en lugar del nombre, pero apenas lo tuvo frente a sí, percibió que eran ciertas todas las referencias de peligrosidad que acompañaban al sujeto. Tal como se le había indicado, lo invitó a pasar al despacho de su jefe, exhibiendo la mayor dureza posible en el rostro, para corresponder a la cínica sonrisa del visitante.

Me dieron ganas de patearle la vida cuando vi la sonrisa de ese pelafustán. Tenía razón el que dijo que los imbéciles son más peligrosos que los inteligentes, y que resultan peores si se creen listos. Ante sujetos de esta calaña hay que controlarse, aprender a dominar el temperamento, y conste que gracias a ese aprendizaje hoy me encuentro en esta posición. Una respuesta emocional en una situación delicada es un obstáculo, un error, cuyo costo es mucho más alto que cualquier satisfacción temporal que produzca el estallido de la rabia. En el control de las emociones está la habilidad para distanciarse del presente y pensar de forma objetiva en el pasado y el futuro.

—Señor presidente, disculpe mi insistencia, pero es importante que…

—Al grano, Tito, al grano. No tengo tiempo para pendejadas.

—Bueno… debemos empezar por recordar que yo fui la persona que más contribuyó a su triunfo y…

—¡Ya! No me desesperes, ¿cuánto quieres?

—Es que no se trata de dinero.

—¿Qué? No me hagas reír. Todo lo que se refiere a ti significa dinero.

—No, no siempre, es que yo…

—Habla claro, ¿qué quieres?

—Pues bien, me imagino que ha considerado un puesto para mí en su gabinete.

—¿Cómo? ¿Has venido hasta aquí, amenazas incluidas, para contarme ese mal chiste?

—Hablo en serio.

—Pues no te creo. Solo piénsalo por un instante: tú, sí, el mismísimo Tito Blanco en mi equipo de gobierno

—el presidente electo se recostó en la silla y miró al techo, simulando imaginarse la escena.

—¿Por qué no? Si no hubiera sido por mi gestión, usted no estuviera a punto de instalarse en la presidencia; los nombres que ahora salen en las noticias son de gente que no aportó ni una fracción del esfuerzo que yo…

—Alto, alto, alto. Cobraste bien por tus servicios.

—Sí, pero…

—Te pagué más de lo convenido, incluso.

—Es que no se trata de eso, como le dije.

—Ah, ¿no? ¿De qué entonces? No abras la boca. A ver, ya sé: quieres asegurarte una fuente de ingresos más duradera, digamos. Mira que llegas en un buen momento, porque estoy contra el reloj y no puedo extender esta desagradable conversación por más tiempo, así que te ofrezco permitirte hacer buenos negocios con mi apoyo. Punto.

—Los negocios son aparte. Siempre he deseado ser ministro y ahora es mi oportunidad.

¡Qué fastidio! Un estúpido con pretensiones. Entender a Tito Blanco es fácil. Cuando eres tan pequeño y oscuro como David, hay que encontrar a un Goliat al que atacar. Cuanto mayor sea el objetivo, mayor es la atención que se atrae y cuanto más audaz es el ataque, más admiración se obtiene. Presionarme no es otra cosa que la necesidad de hacerse valorar, de sentirse importante. Simple cuestión de notoriedad, pero eso sí: llevada a los extremos. Tipos así lo pueden llevar a uno a la ruina política.

El presidente se levantó de la silla, caminó en círculos dos o tres veces y luego se fue acercando a Tito por un costado, despacio. Cuando estuvo frente al individuo le sostuvo la mirada. Tito bajó los ojos y sacó el pañuelo para pasárselo por el rostro; era evidente que las manos le temblaban.

De repente, el político comenzó a reír a carcajadas. Era una risa hueca, como las que se oyen en las obras de teatro o en las películas de suspenso. Tito también rio, aunque no tan fuerte; su risa no trascendió más allá del cuello de su camisa. Cuando el presidente se puso serio, Tito dejó de reír de inmediato. Luego vino un largo silencio. Tito se removía en la silla, incómodo, y varias veces cruzó las piernas de un lado a otro, hasta que el presidente electo pensó que la tortura había sido suficiente.

—Ministro, jamás; pero estoy consciente de que has trabajado bien. Te daré un viceministerio, y considérate complacido.

—¡Acepto, señor, acepto, no faltaba más!

El presidente electo se arregló el saco y salió haciendo que se escucharan sus pasos sobre la alfombra. Desde la puerta le ordenó a su secretario.

—Voy a estar fuera. Procura que recojan la basura.

En la oficina del presidente electo se combinan bien la elegancia y la sobriedad. Lo más sobresaliente es la impresionante biblioteca que alberga gran cantidad de libros, clásicos y contemporáneos, ordenados tácticamente según las ramas del conocimiento humano. Sobre el escritorio amplio y ordenado reposan dos que en ese momento ocupan la atención del presidente: El Príncipe y la biografía de Napoleón. Ya una vez él confesó que su biblia era el texto de Maquiavelo. Pese a sus múltiples ocupaciones y compromisos, siempre saca tiempo para la lectura, y es común escucharlo afirmar que no puede dormir sin antes leer al menos unas cuantas páginas.

Tito Blanco permaneció en la silla, inmóvil, hasta que el secretario apagó las luces y pareció dispuesto a cerrar la puerta con él adentro. El funcionario guardó para sí el regocijo que sentía al ver el semblante pálido y sudoroso del nada grato visitante, pues adivinó que lo habían puesto en su lugar.

Mientras salía del edificio, los nervios de Tito Blanco fueron ocupando otra vez sus lugares habituales. No había sido fácil confrontar tan directamente al político, a quien creía conocer mejor; para él lo más sencillo era actuar desde las sombras, desde el anonimato, y dar allí zarpazos letales a quien se pusiera a su alcance. Pero ahora estaba asustado; no sabía cómo había resistido la presión del momento y, en verdad, hubo un instante en que prefirió rendirse. Menos mal que no lo hizo. El puesto de viceministro no era nada despreciable. En unos meses, si trabajaba bien, se haría indispensable y entonces la silla del ministro, sea quien fuese, estaría en sus manos.

Ese esbirro cree que me tiene en sus manos. Lo voy a utilizar los primeros meses de mi gestión para hacer el trabajo sucio, pendiente y después lo echaré a los lobos. Nunca olvidaré cuando este sujeto me ofreció sus servicios; eran los días en que Antonio Pascal me aventajaba en las encuestas por cuatro puntos. Tito se presentó a mi centro político y pidió hablar conmigo en privado. En pocas palabras expuso su plan y mostró la documentación que había preparado: un contrato en el que Antonio Pascal, tres años antes, compraba unas fincas en la décima parte del valor catastral. Adjuntó al contrato varias declaraciones juradas de supuestos campesinos que decían haber sido desposeídos y lanzados a la peor de las miserias por culpa de tal transacción. El plan era osado, pero bien estructurado. Si aquello era una farsa, como sospechaba, el escándalo me daría una ventaja esencial en la carrera política antes de que se aclarara el asunto. Y lo más importante: Tito se presentaría como alguien desligado de mi equipo, por lo que no tendría que dar explicaciones. Después de la publicación de su denuncia en los diarios, Pascal debió enredarse en explicaciones y en anuncios de demandas al honor que surtieron efecto inmediato: perdió las elecciones por un considerable margen de votos. Nadie quería a un desalmado, así como gobernante. Siendo fiel a la verdad, mi triunfo se lo debo a Tito Blanco. Lo mejor de todo fue que la percepción ciudadana era que se había efectuado una campaña política limpia y transparente.

Aunque no fue lo que solicitó, un viceministerio no es un puesto despreciable. De esa manera neutralizo el enojo de Tito mientras veo qué hacer con él. Además, el poder acarrea enemigos y tener un chacal en la nómina no solo es recomendable, sino tranquilizador, sobre todo para enfrentar a los empresarios que no son de mi agrado, ni yo del de ellos. Él se encargará de demostrarles que oponerse al presidente es un mal negocio.

El presidente electo leyó varias veces su plan de gobierno. Estaba consciente de que había promesas que podría cumplir, pero otras serían imposibles de llevar a cabo ni en cinco años ni en décadas. No obstante, constituían el mar de fondo sobre el que se lucirían las olas que levantaría con su trabajo.

La primera opción sería por los más pobres. Eso en política paga buenos dividendos. ¿Y cómo no? La mayor parte del país es pobre, económicamente o en lo espiritual, que son dos cosas distintas, pero se parecen y generan solidaridad. No es que pretendiera acabar con los pobres o con la pobreza, sino que estos le darían excusas válidas para despojar a los ricachones y a los oligarcas del dinero mal habido.

No hay quien no diga mentiras y esconda sus verdaderos sentimientos, porque expresarlos de una manera libre resulta una estupidez y un gran inconveniente. Se puede mentir diciendo la verdad, mejor dicho, haciéndola enigmática y escurridiza. Algunas veces la verdad hace daño y, en muchos casos, mata. Pero como presidente, no permitiría que la verdad le fastidiase la vida; la manejaría a su conveniencia.

Desde temprana edad, él aprendió a ocultar sus pensamientos, diciendo a los inseguros lo que deseaban oír. Pero una vez que se establece una posición de poder, entonces ya hay posibilidades de decir lo que realmente se piensa.

—Las promesas de campaña, y en especial la educación y la salud, son mis mayores prioridades, así como encarcelar a los delincuentes, porque la impunidad es el germen de la ingobernabilidad. Si es necesario haré una cárcel en cada esquina, para que no quede un solo sinvergüenza libre. Jamás permitiré un cierre de calles, mi lema será "calle cerrada, calle tomada». En eso seré implacable. No aceptaré huelgas ilegales y todo aquel empleado público que apoye una huelga, será destituido de inmediato. Y en relación con los empleados de la empresa privada, modificaré la ley, de modo que se autorice al empleador a prescindir de los servicios de todo trabajador indócil. No permitiré el vacío de poder ni la ausencia de autoridad. Siempre se ha necesitado una mano fuerte para impedir el caos y la carencia de vacíos. Mi mayor y más grande promesa electoral ha sido instaurar el orden, pues este es el guardián del universo.

Con ese discurso se ganó a la gente cansada de la impunidad y de las burlas a la ley. Desde el primer día de campaña política preparó una agenda que incluía términos fuertes contra el sistema establecido y dijo no creer que la ley estuviese por encima de la justicia, por lo que prometió derogar todo artículo legal que pusiese al victimario por encima de la víctima. Aprovechándose del ánimo popular, dijo que él sería un presidente para presidir y para responsabilizarse del país.

Ahora, a dieciséis horas de su toma de posesión, todavía medita en la forma de ejecutar todos y cada uno de los puntos de su plan; pero el sueño lo vence, por lo que dispone que los de su equipo de trabajo asuman los detalles de última hora y se retira a descansar un par de horas por lo menos.

En la medianía de su edad madura, luce fuerte y dinámico, pero los sobresaltos agobian, y debe tomar fuerzas para lo que viene, para verse radiante. A él no le favorece mucho el físico, pero al que tiene poder no le hace falta ser bien parecido, pues con ayuda del dinero, la ropa, los estilistas y los asesores de imagen, todo se puede mejorar. De eso ya se ha ocupado Julieta De La Guardia, su jefa de protocolo, una mujer bellísima, frívola, pero que les da mucha importancia a las apariencias, con justa razón, porque en un medio como este el éxito viene de la mano, o se va, con la imagen. Ella ha logrado ponerlo en la portada de revistas de moda en las últimas semanas, en ediciones en donde suelen salir artistas locales y extranjeros, al punto de que el público se ha habituado tanto a verlo como una estrella, que hasta él se ha olvidado ya de que alguna vez tuvo complejos relacionados con su apariencia. Es el presidente de la República y se ve como tal.

CAPÍTULO 2

Contemplarme en el espejo me produjo gran satisfacción. Mi aspecto ha mejorado notablemente. Hasta se podría decir que me veo guapo. El vestido para mi toma de posesión es un Cartier. Será la primera vez que use un vestido de marca. Nunca le di importancia a esas tonterías, pero ahora reconozco que ayudan. Maruja, mi mujer, está tan nerviosa que la he tenido que sacar de la recámara. No deseo que me contagie su nerviosismo.

Desde tempranas horas, el Centro de Convenciones ha estado custodiado por centenares de unidades de la Policía Nacional, ataviadas según las normas que rigen el evento de toma de posesión del presidente. En cada arteria adyacente hay unidades de la Policía de Tránsito que agilizan el paso de los vehículos, pero ni las calles alternas ni la misma Vía Israel fueron cerradas, dicen que por instrucciones expresas del nuevo mandatario.

Varios grupos de agentes motorizados y de la Policía Canina recorren los alrededores. Hay policías fuertemente armados apostados en el Corredor Sur y algunos francotiradores se divisan en los edificios cercanos. Frente a Atlapa un cordón policial es signo de respeto. Dos helicópteros sobrevuelan el perímetro urbano, a lo que se suman otras medidas menos obvias. No es para menos, al evento habrán de acudir importantes personalidades nacionales e internacionales, por lo que la seguridad es un elemento básico e indispensable. Además, el acto de toma de posesión constituye una muestra de la continuidad institucional, imprescindible para el correcto desarrollo del país.

Cuando el presidente llega al Teatro del Centro de Convenciones, todo está preparado para que la ceremonia se lleve a cabo con total normalidad. Entre los diecinueve jefes de Estado o sus representantes, se encontraba el secretario de Estado de los Estados Unidos, así como los presidentes de Venezuela, Costa Rica, Colombia, Nicaragua, El Salvador, México y Honduras; España ha enviado un alto emisario, al igual que varios países de la Unión Europea. Una extensa lista de embajadores asistió.

El acto se inició a las once de la mañana. El día, brillante y soleado, les da energías y optimismo a los partidarios del presidente electo, que dentro y fuera del Centro de Convenciones entonan canciones distintivas del partido y de sus aliados, al igual que tonadas folclóricas. Las palabras del representante de la presidente saliente son breves, las necesarias para decir que entrega el cargo y el país en situación mejor de cómo los encontró. Los congregados esperan un extenso discurso del nuevo gobernante, y se acomodan en sus puestos cuando lo ven caminar hacia el podio. La primera sorpresa se la llevan cuando este se salta la norma de dirigirse a las autoridades presentes e inicia su discurso de una manera directa, sobria.

—Conciudadanos, no traigo un discurso preparado, y he rechazado el que me tienen preparado mis asesores. Los anuncios que haré no necesitan de formalidades, sino de valentía y eso a mí me sobra. Permítame disentir con usted, representante de la señora presidente saliente, pues la verdad es que recibo un país con un alto porcentaje de desempleo. Aquí el delito y el crimen campean en nuestras calles, y usted lo sabe. La corrupción es el menú del día y, para colmo, la educación y la salud se encuentran en estado deplorable. Sí, recibo un país con instituciones destrozadas por el descrédito público. Un país donde, a pesar de tantas riquezas como se ostentan a cada paso, muchos niños padecen hambre. Un país donde hay mano dura para los pobres, pero mano blanda y complaciente para los delincuentes de cuello blanco, los narcotraficantes y los terroristas internacionales. Aquí hasta ahora ha sido ley no escrita que se le tienda una mano amiga a los ex gobernantes que hayan incurrido en actos de corrupción. ¡Señores, esto se acabó!

Un mar de aplausos se hizo sentir en la sala y en los exteriores del Centro de Convenciones, donde se escuchaba la intervención. El presidente debió tomar agua con mucha calma mientras esperaba que se atenuara el rumor de tantas palmas y gritos.

—Me comprometo a hacer de este un país digno, pero digno de verdad. Un país en donde todos sus ciudadanos puedan circular libremente por las calles, sin correr el riesgo de que los detenga algún grupo de manifestantes descontentos. Disconformes, habrá siempre, no lo dudo, pero garantizaré que haya canales expeditos para reclamar sus derechos como debe ser y ante quien deba ser y les aseguro que funcionarán, ¡pero el que aquí impida que otra persona camine por una calle se va preso por buen tiempo!

Otra salva de aplausos cortó el discurso, ante la evidente molestia de los magistrados del Órgano judicial y la estupefacción de los representantes del Ministerio Público, que sentían que les habían cambiado el libreto por uno que no se podía leer, o al menos que ellos no entendían. Mientras las cámaras de televisión lo mantenían enfocado, algunos reporteros comenzaban a caminar hacia lugares menos ruidosos para transmitir las primeras impresiones del sorpresivo discurso presidencial. En las pantallas, el nuevo mandatario se notaba más delgado y alto de lo que era en realidad, gracias al efecto de las decoraciones del escenario. Sus cabellos abundantes estaban peinados a la perfección, sus ojos negros brillaban sobre su nariz puntiaguda a medida que contemplaba de un lado al público, manteniendo los labios apretados como una línea, lo que daba a su rostro ovalado un aire de sinceridad innegable. Todo en él evidenciaba tranquilidad. Era notoria su frialdad, el dominio perfecto de sus nervios y el control de sus emociones y sus sentidos. Su habilidad y aplomo eran impresionantes. Cuando los aplausos decayeron, continuó.

—Les garantizo que ningún empleado público que cumpla con su trabajo, será destituido. Pero los que no cumplan, será mejor que renuncien hoy mismo y dejen su puesto a disposición del gobierno para que lo ocupe una persona responsable…

—No se extrañen de que mañana mis opositores califiquen este discurso de chabacano, pero eso no me importa. Hasta ahora la costumbre es dar un período de gracia a los nuevos mandatarios, cruzarse de brazos a ver cómo viene, sin atacarlo, pero esperando a la vez que él no los ataque. Eso no va conmigo: desde hoy les aseguro que gobernaré de modo distinto al que aquí se acostumbra, porque estamos cansados de tanta corruptela, de tanto político favorecido por una ley sin bríos; ustedes me eligieron para gobernar y eso es lo que voy a hacer desde este momento.

De nuevo los aplausos y las consignas partidarias interrumpieron al recién investido gobernante. Los presidentes y los embajadores intercambiaban miradas como asombrados por el tipo de orador que tenían por delante, imaginando quizás el modo en que podrían emparejar todas esas palabras con la acción que deberían desarrollar juntos.

—A los señores presidentes, a los representantes de países amigos, les presento disculpas desde ahora si no me ven por sus playas y por centros turísticos a menudo. El señor vicepresidente tiene todo mi apoyo y el de mi gobierno para que me represente, él me contará oportunamente de todo lo que me pierda por sus hermosos países, que ya he visitado antes; pero espero que comprendan que como presidente se me eligió para dirigir el país, no la región ni el mundo, sino este país, y lo voy a hacer desde aquí.

Ya las televisoras habían insertado unos cintillos que resumían las palabras del orador y La CNN había establecido comunicación directa con Panamá para divulgar en directo la última parte del discurso, luego de un preámbulo de la locutora en que calificó de sorprendentes las expresiones presidenciales. En plazas y sitios públicos de todo el país, la gente que no estaba en sus hogares se agolpaba para seguir con atención las palabras del presidente.

—Ahora quiero hablarles a ustedes, mi gente sencilla, mi gente honesta y a aquellos que tienen que levantarse todos los días al alba para ganarse el pan y mal mantener a sus familias. Ustedes sabrán apreciar mi sinceridad, mi alejamiento del protocolo tradicional de estos actos. Entre las personas que deben estar sintiéndose mal en estos momentos están muchos políticos delincuentes, los que pronto estarán entre rejas. Y para que se acabe eso de que luego no se sabe dónde están, la Policía Nacional y las autoridades judiciales impedirán que en los próximos días salga del país cualquier funcionario de la pasada y pasadas administraciones que haya tenido un puesto de mando, desde ministro de Estado hasta director de instituciones; y lo excluyo a usted y a la presidente saliente, porque la ley hasta ahora no los alcanza, pero le pido cortésmente que en respaldo de sus subalternos, nos haga el honor de mantenerse en el país.

Ante aquellas palabras, el representante de la que había sido la gobernante del país hasta momentos antes se puso de pie y salió, seguido de inmediato por quienes habían formado parte de su administración. Iban rojos por la ira y la vergüenza públicas. Esta vez no hubo aplausos, quizás porque el presidente, desde el podio, hizo un gesto para tranquilizar a sus huestes políticas.

—Siento mucho que no se mantengan con nosotros, porque espero que de aquí en adelante esto sea una norma tras cada transmisión de mando. Eso sí, no crean que esto es una amenaza, no, es una promesa, hecha con la misma gravedad con la que juré este cargo. Mi consigna de ahora en adelante es: "Trabaja bien o te irá mal», porque las leyes son para cumplirlas. Y ya basta. No deseo cansarlos con un discurso largo y aburrido; de ahora en adelante, mis palabras serán expresadas con hechos. Muchas gracias.

La sorpresa de los anuncios fue de tal magnitud, que los presentes se miraban unos a otros con rostros de estupefacción, sin atinar a respaldar los aplausos de los copartidarios, que bailaban frenéticamente en apoyo a las declaraciones tajantes de su líder. El que sí se había trasladado a los pies del podio, ronco de gritar hurras y con las palmas rojas de tanto batirlas, era el bien trajeado Tito Blanco.

La atención que recayó en mi discurso de toma de posesión fue tan apabullante que opacó la elección del presidente de la Asamblea de Diputados, la cual fue problemática. El diputado oficialista que aspiraba al cargo contaba con el 80 % de apoyo, incluidos algunos de la oposición. Pero a mí no me gustaba. Tengo que reconocer que era un hombre inteligente y de gran personalidad, pero además se dedicaba demasiado a su imagen, tanto que ya muchos lo catalogaban como "el más apuesto del gobierno». Yo no podía permitir que ese monstruo de vanidad me eclipsara. De seguro, pronto se iba a sentir superior a mí y eso no lo podía tolerar.

Tuve que emplear todas mis influencias y artimañas

para que desistiera del cargo, pero fue un hueso duro de roer. Sin embargo, no pudo soportar la presión y lo logré. ¡¿Por qué será que los hombres apuestos son tan pendejos?! Sus compañeros diputados estaban descontentos. Hasta se atrevieron a decirme que yo violaba la autonomía del Órgano legislativo, pero al final, fue fácil resolver el problema. Les hice ver que yo no me sentiría cómodo trabajando con su candidato, que eso entorpecería los canales de comunicación tan necesarios que yo requería para poder consolidar la fuerza de la Asamblea en todo el país, y el caudal de recursos que pensaba volcar en cada uno de sus circuitos, que es como decir en sus arcas personales. Enseguida les cambió el humor a estos sinvergüenzas. Recomendé para el cargo a un diputado dócil y asunto cerrado.

De manera similar, pretendo librarme del vicepresidente. Ya dejé bien claro que se encargará de promover la inversión extranjera en el país. No acabará de bajarse de un avión, cuando le tendré preparado el siguiente viaje. Este pueblo bastante ha criticado a los presidentes viajeros, pero a nadie le interesa si esos viajes los hace su vicepresidente.

Una vez conformado el equipo, el presidente se reunió con el ministro de Gobierno y Justicia. Las órdenes fueron directas.

—En cuanto ocurra la primera manifestación, mande un mensaje claro y directo: no permita desórdenes ni cierres de calles; esto es primordial en su gestión. Y tenga mucho cuidado con el trabajo de la Policía Nacional y de los organismos de seguridad bajo su mando; a usted le corresponde ser mis ojos y mis oídos en esos cuerpos; quiero que trabajen bien, que saquen la cara por esta administración. Y no me vuelva a preguntar qué hace para levantarles la moral, que las cosas son al revés: dígales que voy a esperar un año para ver cómo se manejan con su moral bajo estas nuevas normas y, si la mantienen alta, tendrán un aumento general, en especial los oficiales. Anúncieles que los que se jubilen podrán optar por una contratación como especialistas en los cuerpos especiales que vamos a formar para combatir el delito, con una paga por encima de la que tuvieron en su cargo anterior. Así evitaremos el problema de la falta de personal de la que me habla usted, y entre esos oficiales escogeré al que vaya a ser su director. Encárguese de modificar las leyes que sea necesario modificar para que esto se pueda cumplir, a partir de este momento.

El ministro de gobierno y justicia tomó nota de todo lo que se le indicaba, sin expresar palabra. Luego preguntó sobre lo que se haría con los dos policías que habían sido sorprendidos robando un banco la noche misma de la toma de posesión, hecho que provocó la muerte de uno de los agentes que acudió al lugar. La respuesta del presidente fue dicha con los ojos puestos fijamente sobre el ministro.

—Al muerto, hágalo un héroe, indemnice a la familia como debe ser. A los detenidos, cuando los lleven a la Policía Técnica, permítales escapar. Voy a hablar con los tres oficiales que vinieron a quejarse porque fueron destituidos en la administración anterior, quiero ver si son de verdad, como dicen…

—Disculpe, no entiendo…

—Por ahora dejemos las cosas así, solo asegúrese de que escapen esta noche, que yo les pediré a los otros que estén por ahí a esas horas, a ver qué dejan para las pruebas… Será un mensaje claro, ¿o no?

Al tercer día de haberse instalado el nuevo gobierno, el Sindicato Único de Obreros Revolucionarios (SUDOR) realizó una manifestación con cierre de algunas calles. El ministro de gobierno y justicia llamó al presidente para planear la estrategia convenida. Las instrucciones fueron precisas.

—Creí que usted las tenía claras; pero está bien que consulte. No los reprima hasta que hayan ocasionado malestar público. Cuando el caos sea lo suficientemente grande para justificar la represión, hágalo con la mayor eficacia. Nada de toletazos frente a las cámaras, pero póngalos presos sin miramientos. Si se refugian en algún sitio, use a los policías vestidos de civil para que los acorralen. Adviértales que ninguno de ellos será liberado hasta no hacerse responsable de los daños ocasionados.

El ministro lo escuchó sin atreverse a contradecirlo. Era una orden y lo único que cabía era cumplirla.

La ciudad comenzaba a despertar. Se veían algunas luces encendidas en las ventanas de los edificios y el tráfico ya estaba algo pesado. El cierre de las principales calles inició a las once de la mañana, media hora después el caos cundía en casi toda la ciudad. Los obreros de SUDOR impedían la libre circulación, valiéndose de sus herramientas de trabajo, hierros y bloques de cemento. Hubo conductores descontentos que se enfrentaron a los manifestantes y las disputas habían pasado de la palabra airada a los empujones y puñetazos. Uno de los automovilistas sacó un arma de fuego y efectuó varios disparos al aire. Algunos manifestantes huyeron; sin embargo, uno de los sindicalistas logró desarmar al hombre y los demás lo golpearon hasta dejarlo inconsciente. Todas estas escenas fueron grabadas por los canales locales y casi al instante la noticia fue proyectada en las pantallas televisivas.

Tres camiones de la Unidad Policial de Control de multitudes llegaron a la escena de los hechos, seguidos de cerca por tres buses repletos de policías y un camión adaptado como cárcel sobre ruedas. En menos de cuarenta y cinco minutos, después de una feroz confrontación, treinta y dos sindicalistas fueron apresados y conducidos a uno de los patios de la Policía Nacional, cercado con vallas de alambre y custodiado por perros y hombres armados.

Un canal de televisión le preguntó al ministro de Gobierno si no había sido demasiado violenta la represión. Agobiado por las circunstancias del enfrentamiento, recordó al país las palabras del presidente y justificó sus órdenes sobre la base de las advertencias previas, desoídas por los manifestantes. Concluyó diciendo que los detenidos solo recobrarían su libertad si pagaban la fianza que se les había asignado de acuerdo con su responsabilidad en los daños ocasionados, pues las instrucciones directas del presidente era que se impidiera a toda costa la continuación de los disturbios y que se responsabilizara a todo el que causara daños de cualquier tipo.

Dos días después, los sindicalistas habían pagado las multas impuestas, o bien se habían decidido por los trabajos comunitarios como forma de cumplir esa condena. No faltaron quienes se negaron a hacerlo y, en consecuencia, permanecieron en prisión por varias semanas.

A menudo, si se sigue la pista de un problema, se puede llegar hasta su origen, y este puede ser una silla sobre la cual está sentado un individuo fuerte y feroz: el agitador principal, quien suele ser un individuo arrogante y envenenador de la buena voluntad. En el juego del poder, este tipo de personas pueden transformar un rebaño de ovejas en una manada de lobos. No hay que perder el tiempo arremetiendo en todas las direcciones. Hay que dar con la cabeza principal y, cueste lo que cueste, hay que deshacerse de ella. Es necesario neutralizar su influencia por medio del aislamiento porque, en esta contienda, el aislamiento significa muerte. Cuando se neutraliza al dirigente superior, se elimina el centro de gravedad y, al no tener dónde apoyarse, todo se derrumba. Entonces hay que buscar las oportunidades de confusión que se derivan de todo ello. Tengo que ver cómo neutralizo al dirigente principal de SUDOR. Si no, me va a ocasionar muchos contratiempos.

CAPÍTULO 3

Facundo Ledezma ocupaba el puesto de secretario general de SUDOR desde hacía ocho años. Bajo su mandato no se realizaban asambleas ni se llamaba a votaciones democráticas; simplemente se convocaba a los trabajadores para que lo reeligieran. Para esto, la organización contaba con una maquinaria bien aceitada con métodos de fuerza gansteriles, lo que permitía que un pequeño grupo se mantuviera en el poder de modo indefinido.

Para lograrlo eran válidas todas las acciones puestas en práctica por la mafia en diversas latitudes, desde el empleo de quebrantahuesos, hasta compra de favores, votación, a mano alzada, bajo supervisión de los jefes, y por supuesto, la férrea oposición a la libre participación de los opositores, con lo que se garantizaba la permanencia indefinida del clan de Ledezma.

El comportamiento de Facundo Ledezma contó con el repudio y la censura de todos los gobiernos. De clara inclinación comunista, su discurso efervescente y violento asustaba a los inversionistas y a los gremios empresariales, quienes conocían bien cómo se sentaban las bases de su reinado corrupto, pero no se atrevían a denunciarlo por temor a las ya experimentadas represalias de la gente de SUDOR.

Una de las metas que se impuso el presidente desde su primer día de mandato fue ponerlo fuera de circulación, para lo que armó una artimaña con el fin de que Ledezma fuera invitado, en el ámbito de representante del Estado, a recibir una condecoración en un congreso obrero en España. Se buscaba alejarlo de la cúpula del sindicato y darle oportunidad a su segundo, quien se mantenía embelesado por las prebendas que esperaba desde dos años atrás, cuando mediante una artimaña de Ledezma fueron cambiadas las reglas del juego para extender el período del secretario general. El Consejo de seguridad nacional logró mover los hilos necesarios para que Ramiro Montenegro se tomara el sindicato, apenas alzó vuelo el avión privado en que era transportado hacia Europa Ledezma junto a sus más allegados, contra quienes se dictó orden de detención, apenas regresaran al país, bajo cargos que iban desde evasión de impuestos y estafa, hasta asociación para ejecutar actividades terroristas.

Lo que el mandatario no calculó fue que Montenegro era mucho más peligroso: no solo era de la tendencia extrema del comunismo, sino que había sido entrenado en Cuba en tácticas de lucha guerrillera urbana y se jactaba de contar con el apoyo de algunos jefes de Estado latinoamericanos. Para hacer valer su osadía al despojar del cargo a Ledezma repartió dinero de las arcas de SUDOR e hizo que más de un par de sindicalistas poco convencidos de su garra quedaran en el hospital, víctimas de repentinos accidentes de trabajo. Al notar que eso no era suficiente, organizó los primeros disturbios que enfrentaba el nuevo gobierno, bajo el pretexto de que había llegado la hora de que los obreros ganasen un salario justo.

Cuando el presidente ordenó que le formularan cargos por sedición, basados en los recientes disturbios y sus consecuencias, Montenegro fue detenido, pero escapó en el trayecto a la cárcel, con la complicidad de los policías que lo custodiaban. Lo que nunca supo el sindicalista fue que su escape era parte de un plan de la seguridad del Estado para obligarlo a mantenerse en la clandestinidad, con su cara en las paredes de toda la ciudad, en volantes que ofrecían miles de dólares por su captura.

Otro líder popular que llamó la atención de las autoridades fue Mauricio Samaniego, un sacerdote de discurso incendiario, a quien, debido a su posición, no sería fácil prepararle una encerrona. Samaniego fue uno de los más fieles adeptos a la teología de la liberación, que comenzó en el continente después del Concilio Vaticano Segundo. En este movimiento algunos cristianos y sacerdotes decidieron esgrimir conceptos marxistas para analizar a la sociedad, y en Panamá, el padre Samaniego fue el precursor.

Como sacerdote trabajó muchísimos años en Chiapas, México, donde su desempeño fue beligerante. En Panamá se alió a los grupos de izquierda, e hizo una labor parroquial formidable que le mereció el apoyo de muchas personas. Con el fin de neutralizar a este sacerdote, el presidente se comunicó con las autoridades eclesiales y lo acusó de subvertir el orden público, según el testimonio evidente en varias horas de grabación de las cámaras de videovigilancia puestas por el Gobierno para incrementar la seguridad de los ciudadanos. Desde la presidencia les prometieron que, por respeto a la curia, no se entregaría a las autoridades las evidencias en que se veía al padre descarriado bajando de su auto varios recipientes con combustible para ser usados contra las fuerzas del orden. pronto, Mauricio Samaniego fue trasladado a Guatemala, a pesar de que él adujo siempre que las aludidas pruebas no eran más que un montaje, y pidió autorización para hacer sus descargos en un tribunal. La Iglesia no quería más escándalos de los que ya enfrentaba. SUDOR tenía ahora a líderes más cautelosos.

El propietario del diario La Hora, Armando Ríos, llegó ese día más temprano que de costumbre a su redacción y se encontró con un operativo policial que clausuraba las operaciones del periódico. La investigación estaba dirigida al dueño de la empresa, por la publicación de artículos que hacían una clara apología del delito e incitaban a la subversión en la capital, luego de los heridos por piedras y bombas molotov que habían sido lanzados por los manifestantes en los disturbios más recientes. La gota que derramó el vaso fue la publicación de una carta de Ramiro Montenegro, desde la clandestinidad, y otra del padre Mauricio Samaniego, ambos con acusaciones al gobierno y negando las acusaciones hechas en su contra.

Las autoridades emitieron un comunicado que ordenaba el cierre inmediato del diario La Hora, aduciendo que se utilizaba la libertad de prensa y de expresión como medio para hacer llamados a la anarquía.

El presidente de la Comisión de Libertad de Prensa, expresó el temor de que las censuras y cierres de medios estuvieran encaminados a debilitar las libertades y los derechos individuales de los ciudadanos. En una entrevista televisada dijo en tono enérgico:

—Nuestro país se ha convertido en un sitio donde se cometen atropellos contra medios de comunicación y periodistas que informan sobre hechos ciertos que la ciudadanía demanda conocer. Culpamos de estas acciones al gobierno y, especialmente, al presidente de la República. Si bien se dice que hay libertad de prensa y de expresión, esto es falso, dado el alto grado de intolerancia existente y a la autocensura provocada por temor a las represalias.

El periodista que lo entrevistaba insistía una y otra vez en que había que ser responsables a la hora de utilizar las vías de comunicación pública, porque, por lo menos en el caso de Montenegro, este era un peligroso antisocial.

—El derecho a la libertad de expresión y difusión del pensamiento está consagrado en la Constitución de la República, que protege el ejercicio de este derecho y no está sujeto a previo examen, censura o caución. Esa es la teoría, pero la realidad es otra distinta.

Al día siguiente, los medios que acogieron esta noticia hicieron ver que el hombre había intervenido a favor de dos enemigos de la ciudadanía bien identificados, como eran el sindicalista prófugo y el cura renegado.

Las manifestaciones estudiantiles proliferaron, con cierre de calles, destrucción de los bienes del Estado y propiedad privada. El presidente ideó una fórmula para resolver las revueltas estudiantiles, pero antes de llevar a cabo su plan, lo expuso ante Arturo Aparicio Álvarez, su secretario, y el ministro de Educación. El ministro no estuvo de acuerdo y su secretario se mantuvo neutral.

—Señores, tal vez piensen que mi proyecto acrecentará las manifestaciones, pero debemos resolver el problema de insubordinación de una vez por todas. Mi plan consiste en trasladar todos esos colegios que salen a la calle y cierran las vías. Los terrenos donde están ubicados actualmente valen una fortuna y con el dinero de la venta de cada uno podremos construir muchos más. Tengo en lista seis colegios que están mal ubicados y podríamos construir treinta nuevos en lugares cercanos a barriadas populares. En esa forma dividiremos a los revoltosos y evitaremos la provocación y el descontento. Además, un colegio mediano es mucho más fácil de administrar y controlar que uno grande, con la ventaja de que los estudiantes no tendrían que utilizar el transporte público porque sus colegios estarían cerca de sus casas.

—¿Y con qué medios piensa mantener esos colegios? Si usted construye treinta nuevos colegios, aparte de los costos que esto implica, necesitará muchos más profesores, personal administrativo y de mantenimiento. ¿Con qué dinero lo va a hacer? —preguntó el ministro.

El presidente sonrió, se levantó y dio una vuelta por su despacho.

—El dinero no es problema, recuerden que a mí me han acusado de todo, menos de ladrón. Lo que pasa es que ustedes les creyeron a los gobiernos anteriores el cuento de que no había plata. Por supuesto, si ellos se la robaban. Además, el vicepresidente acaba de firmar un convenio con la Unión Europea, en la que varios de esos estados desean invertir en algo que tenga que ver con desarrollo educacional. Por lo menos, cinco colegios bien equipados salen de allí, y con respecto al personal, pues nombramos más profesores, si contamos con un alto porcentaje de docentes sin empleo.

El secretario y el ministro se miraron sin encontrar argumentos para contradecir al presidente. Después de un prolongado silencio, el mandatario dijo con firmeza:

—Es una decisión tomada, adopten las medidas necesarias para que se haga efectiva.

Bajo la presión de la opinión pública sobre los índices delictivos, el presidente abordó el tema de la ley de menores con su gabinete, incluyendo la presencia del presidente de la Asamblea de Diputados. Las instrucciones fueron directas.

—Deseo que preparen un proyecto de modificación a la ley de menores delincuentes, y prepárense que nos vamos a desligar de todos esos convenios internacionales que nos atan. El pueblo no quiere que por gente que vive otras realidades fuera del país, aquí se contrate a niños para cometer los crímenes que los adultos desean. Si los países que auspician esas leyes absurdas nos condenan y nos ponen en listas negras, hagamos nuestras propias listas negras, establezcamos medidas de retorsión en el ámbito de los negocios, del transporte, de las visas, de las banderas de conveniencia, yo qué sé, en cualquier campo que les pueda devolver la medida. Aquí vamos a gobernarnos según nuestras realidades, no con las de otros.

—Me parece una magnífica idea, ¿tiene algo en mente, señor presidente? —preguntó Tito Blanco, desde una de las filas ubicadas detrás de los ministros, ante el silencio de los congregados.

—Ante todo me eliminan lo de infractores: esos chicos son asesinos, sicarios, y cada día se están poniendo peores. Las penas por homicidio deben ser adoptadas según las agravantes y las atenuantes de los hechos, no por la edad. Basta que construyamos cárceles distintas para los menores de 18 años y para los mayores de esa edad, pero allí se les encierra no cinco ni siete años, ¡20 años mínimos según la gravedad del hecho!

—Pero, señor, detrás de estos menores… infractores… porque ese es el término, hay familias descompuestas, padres irresponsables…—argumentó la ministra de Desarrollo Social.

—Infractores la abuela de ellos, señora ministra. Esos asesinos podrían asumir sus deficiencias familiares de la misma manera que las asumimos los que estamos aquí. Yo perdí a mi padre a los seis meses de nacido, y a mi madre a los siete; fui hijo único, crecí ayudando a empacar comida en un restaurante; limpié zapatos y debí ayudar a mi abuela en los gastos y en los quehaceres. Ahí tiene al ministro de vivienda, pregúntele cuando nos encontrábamos en el mercado público en las madrugadas, esperando alguien que deseara ayuda para acarrear sacos al carro. Así que al que mate a alguien va para la cárcel y si hay que tenerlo allá veinte años, pues son veinte que no matará a otra persona, a menos que sea algún criminal como él, lo que nos ahorraría trabajos. Y no se preocupe por los adultos sinvergüenzas, que para ellos hay un paquetito de reformas: el que de ellos utilice a un menor tendrá la misma pena que le corresponda al menor más un recargo. La nueva legislación deberá incluir responsabilidades a los padres de los menores que delinquen. Esto deberá ir aparejado con una ley que impida, por concienciación o por coerción, la natalidad de las madres indigentes o de las que ya tengan hijos y no puedan mantenerlos como debe ser. Eso incluirá también a los padres en esa situación, para quienes abriremos un programa en el ministerio de salud, gratuito, de modo que no haya excusas a la hora de ligarse un conducto seminal o de hacerse un *salping*. Esos son los padres que incrementan la delincuencia, los que no mantienen a sus hijos.

Hubo un silencio expectante en la sala, hasta que uno de los presentes tomó la palabra.

—Señor, tome en cuenta que no se trata solo de mantener hijos; hay chicos rebeldes que se imponen a sus padres. Y cuando es así, no hay fuerza humana que los haga cambiar.

—Entonces el Estado lo hará. El proyecto incluirá la construcción de varios colegios con guardia policial permanente, donde los profesores serán policías, orientados a la corrección de los estudiantes, pero con condiciones menos severas que las de un presidio. Allí evitaremos que se terminen de dañar esos prospectos de maleantes.

—¿Se refiere usted a una escuela militar, señor? —preguntó el ministro de Gobierno y justicia.

—Esa sería una buena idea, porque en la Policía Nacional y en los servicios de seguridad necesitamos más gente, a pesar de las medidas que ya se han adoptado. Así los mantendremos internos y solo si corrigen su conducta serán transferidos a los colegios tradicionales; de no ser así, ingresarán a la Policía para hacerse hombres de bien, o quedarán en las cárceles cuando todos los esfuerzos sean en vano. Como ven, tengo todo calculado.

—Señor, el país es signatario de una gran cantidad

de acuerdos sobre la materia —intentó terciar el ministro de Educación.

—¡No, no, no! Esos convenios me los archivan. Todo lo que se oponga a nuestro crecimiento en paz será desconocido en sus debidas instancias. Si yo mismo tengo que ir a firmar nuestra salida de tales acuerdos, rompo mi intención de permanecer en el país a lo largo de mi mandato y voy a El Vaticano si es preciso.

—Sí, señor, así se habla, creo que la idea es buena. Es una manera de minimizar la delincuencia juvenil y asegurar el desarrollo nacional —se escuchó decir, emocionado, a Tito Blanco desde su silla.

Siguiendo las órdenes presidenciales, la ley fue modificada y aprobada en menos de diez días, pese a que las asociaciones de derechos humanos intentaron organizar una serie de protestas que no tuvieron mayor acogida. Los medios de comunicación se vieron abarrotados por líderes disconformes, pero el presidente lo resolvió rápidamente y valiéndose de artimañas. Una de esas fue la sospechosa cadena de asaltos y robos que experimentaron los defensores de los menores infractores, o bien sus familiares y propiedades. Cuando los afectados llamaban a la Policía Nacional, siempre se les contestaba que no tenían vehículos ni personal, o bien se les aseguraba que ya estaban en camino para ayudarlos, lo que no ocurría sino hasta un día después. En todos esos delitos, los detenidos siempre fueron menores de edad. La medida surtió efecto, y los defensores de estos muchachos debieron dedicarse a la tarea de recuperar lo perdido, o de defenderse, olvidando un poco sus luchas sociales.

La primera condena se le aplicó a un niño de catorce años que mató a mansalva a un humilde trabajador para robarle. El jovencito fue condenado a veinte años de prisión, y su madre, quien había traído al mundo a nueve chiquillos sin contar con un marido ni un hogar estable, fue enjuiciada por faltar a sus deberes, lo que le costó dos años de prisión, mientras que sus hijos fueron enviados a los colegios correccionales regentados por el Estado.

Las organizaciones de derechos humanos volvieron a dejarse oír, y uno de sus asesores le explicó al presidente que, aunque el pueblo aplaudiese por ahora la medida, pronto habría quienes reaccionarían con violencia.

—No se preocupe, que a los revoltosos ya les tenemos en la mira; además, hoy mismo se anunciarán otras, y usted sabe que en este país somos como el menú del día, cuando surge algo nuevo, nos olvidamos de lo anterior.

—¿A qué se refiere?

—Ya propuse una reforma a la Asamblea: la escuela será absolutamente gratuita, a los estudiantes se les darán todos los útiles y los uniformes que requieran, incluyendo el alimento en horas escolares, pero el padre de familia que no inscriba a sus hijos en la escuela, o el que tenga hijos que no acudan a clases, irá a prisión. Con esa medida eliminaré la deserción escolar.

—¿Y el transporte? ¿Cómo se desplazarán?

—Daremos un subsidio, una libreta de boletos mensual según la ruta de los estudiantes; estos boletos serán redimidos por combustible a los transportistas. Solo requerimos dejar claro el control de estas subvenciones, para que no se motive algún acto de corrupción por ese lado. Ah, y el que sea atrapado especulando con estos beneficios, preferirá no haber nacido.

—¿Y de dónde saldrá el dinero que se necesita para todo eso?

—Plata hay, ahora que no permitimos que se la roben. Y si falta, la obtendremos del bolsillo de los ricachones, mi querido amigo. ¿De dónde más?

—¿Acaso piensa aumentar los impuestos?

—No, solo seremos eficientes en el cobro de los gravámenes. Todos saben que este es el país de la evasión fiscal.

Al día siguiente fueron anunciadas las medidas. Se contrataron varias compañías encuestadoras para que llevaran a cabo un estudio casa por casa de los niños en edad escolar. Se les dio un plazo de tres meses a los padres para que matricularan a los que habían interrumpido los estudios. Se crearon centros vocacionales para aquellos jóvenes mayores de quince años que no asistían a la escuela secundaria. De esa forma terminarían su preparación académica y a la vez aprenderían un oficio.

La primera encuesta de popularidad fue asombrosamente beneficiosa para el presidente. Sacó un porcentaje de un 89 %, el mejor de los últimos veinte años. Los adversarios del mandatario empezaron a preocuparse. Sabían que luego de este logro en las encuestas, él tomaría acciones contra ellos. Y así fue. La primera detención se dio en horas de la noche del miércoles 13 de diciembre. El anterior ministro de Gobierno y Justicia fue apresado en el restaurante Ángel. La acusación fue de peculado y corrupción. Dos horas después, el procurador de la nación detallaba los cargos y entregaba las pruebas recabadas durante la investigación. Además, anunció que en pocas horas se harían nuevas detenciones.

El pánico fue generalizado y muchos de los políticos de oposición hicieron sus maletas e intentaron salir del país, pero al llegar al aeropuerto les fueron comunicados sus impedimentos de salida. Antonio Pascal recibió la llamada de su cuñado.

—Antonio, no me dejan salir del país. No sé qué hacer.

—Estás loco, ¿por qué te quieres ir? ¡Quien no la debe, no la teme!

—El loco eres tú, ¿acaso no recuerdas las mentiras que inventaron en tu contra? Esas infamias te hicieron perder las elecciones.

—Entiende, la mejor opción no es huir, sino enfrentar a ese miserable. A pesar de las acusaciones, jamás me pudieron probar nada. Es fácil desprestigiar a una persona con calumnias, pero otra distinta condenarla. Regresa a tu casa y mañana hablamos con más calma.

—Está bien, mañana te llamo.

Cuando Antonio terminó de hablar, su esposa le preguntó sobre su hermano. En pocas palabras, él le explicó.

—Este pueblo se merece a ese monstruo, pues lo eligieron. Ahora que se lo aguanten.

Arturo Aparicio Álvarez entró abruptamente al despacho, tomó el control remoto y encendió el televisor.

—Señor, tiene que ver esto.

El presidente miró incrédulo la pantalla. En noticia de última hora, un canal de televisión proyectaba una pelea callejera entre dos hombres vestidos de saco y corbata. De inmediato reconoció a Tito Blanco, quien en ese momento llevaba la peor parte, pues, a pesar de su buena estatura, se veía disminuido ante su adversario. Cuando la cámara le enfocó el rostro al otro hombre, el mandatario no pudo contenerse.

—No me digas que ese es…

—Sí, señor, el ministro de comercio.

El ministro tomaba ventaja de su estatura, y alcanzó con un golpe la mandíbula de Tito, quien trastabilló y cayó. Luego retrocedió unos pasos para que su oponente se levantara, pero no contaba con que este era un tipo taimado en todas las circunstancias y aquí volvió a demostrarlo, pues recogió tierra de la acera cercana a una construcción, se la tiró en la cara y aprovechó la confusión del momento para empujarlo. Ambos cayeron al pavimento en una especie de abrazo confuso. En ese punto un policía decidió intervenir en el bochornoso acontecimiento y los separó con dificultad.

El incidente se había suscitado al salir de las instalaciones de un canal de televisión donde los revoltosos habían sido entrevistados. En la entrevista los ánimos estaban caldeados, porque el ministro de comercio había ridiculizado a Tito Blanco.

El presidente se recostó en su silla, con la incredulidad reflejada en el rostro, dijo:

—Dime algo, ¿cómo es posible que dos funcionarios de mi gabinete se entren a golpes en plena calle como dos rameras? Llama a ese par de imbéciles y diles que los quiero en mi oficina de inmediato.

CAPÍTULO 4

El secretario del presidente se comunicó de inmediato con Tito Blanco y con el ministro de comercio. Sin rodeos les transmitió las órdenes del mandatario. El primero en llegar al despacho presidencial fue el ministro, quien traía lista su carta de renuncia.

—No estoy dispuesto a trabajar ni un minuto más en un equipo en el que también figura ese imbécil.

—¿Piensas que después del espectáculo deplorable en el que participaste esta tarde estás en posición de exigir algo? Aquí tengo tu destitución firmada.

—Señor presidente, antes de salir de aquí quiero advertirle que esa sabandija le está haciendo mucho daño a su gestión, anda inmiscuyéndose en asuntos que no son de su competencia y denigrando a…

—¿Y eso te da derecho a rebajarte como lo has hecho hoy? Todos aquí sabemos la clase de sujeto que es Tito Blanco, pero a ti no te conocíamos como peleador arrabalero.

El ministro se dio cuenta de que cualquier intervención suya era inútil; el mandatario estaba enojado, por la conducta de ambos, y lo mejor era perderse de vista. Al salir de las oficinas del presidente, se tropezó con Tito, y le lanzó un puñetazo al rostro que el otro esquivó por centímetros; la escolta presidencial tuvo que intervenir para terminar el pleito que amenazaba continuar en las puertas mismas del despacho presidencial.

Tito Blanco entró a las oficinas del presidente jadeando y componiéndose el vestido, pero con la actitud de quien tiene la sartén por el mango.

—Me imagino que ese estúpido vino a exigirte mi destitución.

—No, vino a presentar su renuncia e imagino que tú vienes a hacer lo mismo.

—¿Yo? ¿Por qué habría de hacerlo? Él me atacó a traición, pero no importa, lo he perdonado. Además, ahora que se fue por voluntad propia, me puede nombrar a mí en su lugar.

—¿Bromeas? ¿Cómo se te ocurre pedirme semejante cosa?

—No se lo estoy pidiendo, es un derecho ganado en la campaña; ahora que se presenta la oportunidad no voy a dejarla pasar.

Miserable. ¿Quién se ha pensado que es? ¿Cómo se atreve a exigirme algo? Se ha vuelto loco. Pero tengo que manejarme con mucho cuidado, porque puede provocar un escándalo de proporciones incalculables. El día en que lo aplaste como a un gusano va a ser el más feliz de mi vida.

—Tito, comprende que no es prudente que te nombre ministro después de semejante escándalo. Espera unos meses y te aseguro que te voy a dar una sorpresa.

—Espero que sea buena —respondió Blanco, sin lograr disimular su expresión de escepticismo.

—Claro que sí, ni te la imaginas.

El poder es un juego de apariencias y cuanto menos se diga, mayor será la imagen de grandeza que se proyecte. El silencio incomoda a los demás, sobre todo si se controla la información sin revelar las verdaderas intenciones y objetivos. Si uno se encuentra atrapado y en peligro de perder la reputación, hay que actuar de forma que desconcierte, al contrario, convirtiendo las intenciones ocultas en algo oscuro. Si se hace bien, inspirarás temor. He aprendido que se tiene más poder si se cierra el pico, pues una vez que las palabras están dichas no se pueden borrar.

Ay, Tito Blanco, pagarás todas tus infamias. Si supieras lo que realmente pienso de ti y lo que te tengo reservado, desearías la muerte.

Tito sonrió y le extendió la mano al presidente. Este se tardó en estrechársela y lo miró directo a los ojos. El viceministro se sintió nervioso y se puso en pie rápidamente para, luego de una breve frase de despedida, marcharse con paso apresurado.

Cuando el secretario entró al despacho, vio al presidente con la cabeza entre las manos, como si lo abrumara un peso mayúsculo. Todo lo que tenía que ver con Tito alteraba su carácter.

—Señor, recuerde que esta noche se inaugura el Foro Internacional de Inversiones.

—Sí, lo sé. Yo debería haber inaugurado ese evento en compañía del ministro de comercio.

—Así es. ¿Va a cancelar su participación?

—¿Qué crees tú, Arturo?

—Señor, que tiene allí al viceministro Blanco; él podría representarlo.

El gobernante miró atentamente la cara de Arturo Aparicio Álvarez y no notó ningún asomo de burla. No obstante, a los pocos segundos comenzó a reírse con un aire de tristeza.

—Tú eres una vaina, es el peor chiste que se te puede ocurrir. No, asegúrate de que el discurso sea el adecuado; voy a ir. Advierte, eso sí, a mis escoltas que no quiero preguntas de la prensa; solo departiré con los inversionistas. Te aseguro que el tema de los periodistas hoy es la pelea de los dos babosos estos.

—No lo dude.

—A propósito, necesito una lista de los que tú consideres mis opositores más acérrimos, pero que sea gente calificada, ¿entiendes? Y la necesito para antes de salir al Foro.

—Eso es fácil; en cinco minutos le hago una lista del *"top ten»* de la oposición y se la imprimo.

Arturo Aparicio Álvarez necesitó la mitad del tiempo indicado para traer la lista de los diez ciudadanos que se expresaban más acremente del presidente, y este la revisó por unos cuantos segundos.

—Dime una cosa, Arturo, este Eduardo Flores es parte del Foro de Inversionistas, ¿no?

—Así es. A él lo nombraron los empresarios como su representante en el evento. Me imagino que para provocarlo a usted.

—Pues no, el tipo puede ser mi opositor, pero es capaz. No en balde hoy será condecorado durante la inauguración del Foro. ¡Localízalo!

—¿Cómo, señor?

—Que localices al doctor Flores y le digas que necesito hablarle.

Cuando el secretario tenía al empresario en la línea, el presidente habló y fue directo al asunto.

—Doctor Flores, mi propuesta lo sorprenderá, pero el país lo necesita.

—No sé a qué se refiere; creí que me llamaba por el evento de esta noche.

—Y no se equivoca. Yo debo inaugurar el Foro y usted será condecorado por los gremios empresariales.

—Así es, señor.

—Pues, como parte de esa condecoración, le ofrezco el ministerio de comercio, me imagino que escuchó las noticias.

El doctor Flores guardó silencio. El presidente se había vuelto loco, o era una trampa. Él sí había visto, como todo el país, el bochornoso incidente entre los dos altos funcionarios; es más, la pelea ocurrió frente a las mismas instalaciones donde ellos se preparaban para la inauguración. Sin embargo, obvió los comentarios relacionados con ese episodio y preguntó:

—¿Por qué yo, señor?

—Caramba, no faltaba más. Estoy estudiando su trayectoria y la gran experiencia que tiene como economista, como empresario y especialista en comercio exterior, justo la persona más calificada para esa cartera.

—Señor, me asombra usted, pero ¿y qué pensarán en su partido?

—Ah, mi doctor, ¿y qué pueden decir? A la hora de escoger a los mejores no tomo en cuenta la bandera política sino la calidad profesional.

La adulación discreta es poderosa. Estoy seguro de que mi enemigo no se resistirá a semejante halago. Además, cuando contratas a un antiguo enemigo será más leal que un amigo, porque tiene más que demostrar.

—Señor presidente, me siento sumamente halagado y creo que negarme sería traicionar todo lo que he sostenido a lo largo de mi carrera. Me complace mucho que usted me señale no por mi militancia política, que no la tengo, sino por mi perfil profesional. Siendo así, estoy a sus órdenes y a la disposición de mi país. Gracias por tomarme en cuenta. Le prometo que no se arrepentirá.

Es una buena movida de ajedrez. Mientras que un amigo es exigente y espera recibir favores, este antiguo enemigo no espera nada y lo recibirá todo. Entonces, hará lo que le pida sin medir las consecuencias. Sé que Eduardo Flores trabajará para demostrar que merece el nombramiento, y una persona que tiene algo que demostrar moverá montañas. Ha llegado la hora de enterrar el hacha de la ira con ese enemigo y ponerlo a mi servicio. Un enemigo cerca nos agudiza el ingenio, nos mantiene concentrados y en alerta. Por otra parte, un gobernante siempre tiene que llevar a cabo trabajos sucios, pero para mantener las apariencias es preferible que lo hagan otros. Con él al frente del ministerio, la vida de Tito Blanco será insufrible.

La noticia no fue bien acogida por Tito Blanco y así se lo manifestó al presidente. Pero este lo calmó.

—En pocos meses tú ocuparás ese puesto, porque será más fácil reemplazar a uno que no sea del círculo de mis amistades. ¿Comprendes?

—En verdad no…

—Imagínate, aún no sales de las portadas y de las columnas editoriales de cuanto medio impreso se publica en este país por tu deprimente espectáculo callejero; tienes más caricaturas a tu nombre que todo el gabinete junto, incluyéndome. Si te nombrara ministro, ahora sería un nuevo escándalo, y no nos conviene; en cambio, en un par de meses esto se habrá olvidado y tú podrías ser ministro sin reservas de ningún tipo.

—Caramba, eso suena genial.

Nunca sabrá ese pendejo lo que estoy tramando; voy a llevarlo por el camino equivocado, sembrando pistas falsas y señuelos desconcertantes. Es mucho más prudente decirle a cada persona lo que quiere oír en vez de la verdad dura que uno piensa. Estoy entrenado en el arte de ocultar mis intenciones. Hay que mantenerse al margen mientras llega la hora de golpear con fiereza. Esperaré la ocasión precisa. Si el golpe se produce con la rapidez de una serpiente, inspira mucho más miedo y la gente esperará con terror el próximo ataque.

Voy a hacer que caigas en tu propia trampa, Tito Blanco. Si uno puede hacer que los demás caven su propia tumba, ¿por qué va a cavar uno por ellos?

Tito Blanco cerró los ojos para escuchar en su interior las palabras del presidente: "en un par de meses esto se habrá olvidado y tú podrías ser ministro». Su ánimo cambió favorablemente. Dentro de unos cuantos días su sueño se vería cristalizado. Sin embargo, una sombra oscureció su semblante. En la actuación del mandatario había un misterio que lo asustaba. En ocasiones, dudaba que el tipo estuviera en su sano juicio. Sentía como si un enorme buitre diera vueltas por encima de su cabeza. Siempre lo catalogó como un hombre malévolo, que justificaba con creces el apodo de "El Cuervo», que se les asignaba a sus espaldas.

CAPÍTULO 5

Cuando el presidente se reunió con el recién nombrado ministro de Comercio, le explicó que por compromisos políticos, tendría que dejar en el viceministro a Tito Blanco. Agregó que su figura era meramente decorativa, y hasta lo animó a considerarlo como un mueble más en el ministerio, mientras le aseguraba total libertad para actuar en la cartera de comercio con su apoyo irrestricto.

—Señor presidente, ese hombre es controversial y no estoy dispuesto a soportar sus extravagancias. Usted vio el espectáculo degradante que protagonizó con el ministro anterior.

—Contigo no llegará a esos extremos. Lo que quiero es que lo tengas vigilado y estés pendiente de lo que haga. En cuanto cometa un desliz, yo personalmente me encargaré de él.

—Está bien, pero no entiendo por qué razón no lo destituye de inmediato, ¿para qué correr más riesgos?

—Yo sé mis asuntos, Flores; recuerde que manejo más información que usted y puedo ver los temas de una manera global en cuanto al gobierno. Las cosas se harán como yo disponga. Buenas tardes, señor ministro.

—Buenas tardes, señor presidente.

El ministro se retiró del despacho presidencial. Había algo en todo este asunto que no le gustaba, pero no iba a dejar que un hombre tan insignificante como Tito Blanco eclipsara su orgullo de ser ministro de Estado.

Arturo me avisa que tengo una llamada de mi esposa. Tengo diez años de casado y no sé si continúo unido por amor o por costumbre, pero eso poco importa. Maruja es, en ocasiones, una mujer insoportable. Ella detesta todo lo que representa mi cargo, no se siente a gusto como primera dama; las actividades de ese despacho las ha descuidado de manera inocultable. Antes su carácter era más jovial y frívolo, pero su madre nunca le perdonó que se casara conmigo y eso quizás le haya agriado el semblante. Es que la vieja deseaba un príncipe europeo para su hija bella. Al principio Maruja no me hizo mucho caso, pero poco a poco, la fui conquistando. Halagué su vanidad con regalos, serenatas y todas esas ridiculeces que les gustan a las mujeres.

Recuerdo que tres meses antes de casarnos mi suegra le presentó a un diplomático inglés y casi la pierdo. Maruja estuvo encantada saliendo con él por dos semanas, pero cuando me di cuenta del plan de su madre, contraataqué y les tendí una trampa. Le dije que yo me resignaba a perderla, que la dejaría en paz, pero que en nombre de todo el amor que yo sentía por ella, me concediera una última noche de amor. Ella no había dejado de amarme del todo, se iba más por complacer a su madre y por las perspectivas que le abría el tipo aquel. Nos dimos cita en el hotel de ocasión en donde solíamos refugiarnos hasta hacía poco. Ella ignoraba que una amiga común alertó a su nuevo pretendiente sobre la situación; él no le creyó, por supuesto, pero ella lo convenció para que nos siguiera mientras nos trasladábamos hacia el hotel, y hasta le pidió que llamara a Maruja al celular para preguntarle en dónde estaba, cuando ya él la había visto ingresar conmigo al lugar. Ella, con todo el candor del mundo, le dijo que de compras con una amiga. Entonces se reveló todo. Nuestra amiga evitó que hubiera un escándalo, y hasta convenció al diplomático de que se quedaran juntos para matar la pena por la traición; finalmente fueron ellos los que se casaron. Maruja quedó desecha cuando se vio al descubierto, pero más impactada quedó su madre, que hasta hubo que hospitalizarla. La convencí de que se casara conmigo para evitar malos entendidos. Claro, ella nunca se enteró de que todo fue un plan mío, pero desde entonces la he visto triste, hasta cuando ríe.

A los dos años de matrimonio nació nuestra hija. Maruja quiso ponerle el nombre de su madre para que la bruja se reconciliara conmigo y yo acepté para llevar la fiesta en paz. La niña se llamó Flora. Odio ese nombre, pero adoraba a mi hija. No tenía mucho tiempo para dedicarle, pero los pocos que compartíamos eran mis momentos más felices. La niña no sacó la belleza de su madre: se parecía a mí; heredó mi encanto.

Al principio mi suegra no estuvo de acuerdo con que le pusieran su nombre. En una ocasión, comentó que la niña era tan insignificante que tenía serias dudas de que fuera hija de Maruja y que, a lo mejor, se la habían cambiado en el hospital. Una y otra vez decía que esa no era su nieta. Meses después, cuando le vio el parecido conmigo, cambió. La nena era cariñosa y se ganó el amor de todos, incluso el de su abuela.

Hasta el día en que llegó aquella llamada, cuatro años atrás.

—Señor, le habla el doctor Martínez, necesitamos que se presente de urgencia a la clínica, su hija necesita una cirugía de emergencia y requerimos su autorización.

—Cirugía, ¿de qué?

—No tenemos tiempo, acá le explicaremos.

—Voy enseguida.

Llegué a la clínica y de inmediato me pidieron un depósito para garantizar el pago de la cuenta, pero no contaba con el dinero porque estaba sin empleo. Después de haber sido ministro de estado, me encontraba en la calle. Y todo por culpa de esa maldita perra que llegó al poder.

El director médico de la clínica llamó a un hospital del Estado y mi hija fue trasladada. Tuvimos que esperar más de dos horas. Mi esposa estaba nerviosa. A la niña se le practicó una apendicectomía. El cirujano nos comentó que la cirugía había sido un éxito, pero que debía permanecer setenta y dos horas internadas. Le pregunté si podía verla.

—Está en terapia intensiva y se le administró un sedante, ahora mismo está dormida.

Como a las siete de la noche la niña ya estaba en su habitación. Estaba tan pálida que me asustó.

—Papi, me alegra mucho que vinieras. Pensé que me ibas a dejar solita.

—Cómo iba a hacer eso, si tú eres lo que más quiero.

—¿Qué les pasa a ustedes? Florita, tú hablas de estar sola, cuando yo me he pasado todo el día a tu lado. Y tú, pareciera que solo quieres a tu hija y que yo no significo nada.

Ambos nos miramos sin responder a los reclamos de Maruja. Eso la llenó de ira.

—Ahora quédate tú con tu hija, que yo voy a la casa a descansar y a cambiarme.

—Está bien, yo me quedo a cuidarla.

—Sí, papi, quiero que tú me cuides.

Me acerqué a la niña para acariciarle el rostro y la sentí caliente. Busqué a la enfermera y se lo comuniqué. Ella le tomó la temperatura y llamó al médico. Tenía 40 grados. El cirujano estaba fuera del hospital y yo gritaba que llamaran a otro médico. Poco después, mi nena convulsionaba. Salí a gritar al pasillo, cuando vi que uno de los médicos venía corriendo y me empujó a un lado para entrar a la habitación. Lo escuché, pedir a gritos un medicamento y entré. Mi hija estaba inmóvil, sus ojos en blanco evidenciaban un paro cardíaco. Los acontecimientos se suscitaron rápido, casi no tengo conciencia de ellos. Todo lo vi en blanco y negro y por primera vez en mi vida un grito terrible emergió de mi garganta, tan lleno de horror y desesperación, que todas las enfermeras acudieron a la habitación. Ella seguía inmóvil y yo me resistía a creer que mi pequeña había muerto.

Mi esposa llegó cuando estaban preparando a la niña para llevarla a la morgue. ¡Qué escena tan terrible! Primero me golpeó por no haberla cuidado, después se dio golpes contra la pared y después se dejó caer al piso. El médico ordenó que le pusieran un sedante. Yo permanecía expectante, como quien está inmerso en una pesadilla y lo único que deseaba era despertar. No podía creerlo, mi niña se había ido y no podía hacer nada para evitar semejante tragedia.

A partir de ese momento el odio fue mi único amigo. Ese sentimiento tenía un sonido que recordaba mi necesidad de venganza. En las tinieblas del odio, solo el instinto percibe y olfatea a los culpables. ¿Y quiénes eran los culpables? Todos, todos. No podía dormir, estaba sobrecogido por la pena causada por la muerte de mi hija y todas las noches planeaba mi venganza.

Después del duelo le tuve mucha paciencia a Maruja. Ella no deseaba embarazarse más. Decía que no soportaría la pérdida de otro hijo. No quise presionarla. Temía por su salud mental.

Florita murió porque no tuve los medios económicos para atenderla en una clínica. Ella necesitaba ser operada de urgencia y yo no tenía el maldito dinero. Dos años desempleado y desprestigiado. Pero ese aislamiento forzado tuvo sus ventajas, pues pude medir, desde las profundidades de la desesperación, mi verdadero propósito: ser poderoso, ser presidente de la República y vengarme.

Nunca había deseado estar en la primera fila del mando, pero nada más propicio para una carrera política que su interrupción temporal.

Fui una vez viceministro y dos ministros de estado. Cuando uno ve el mundo desde las cumbres del poder, no conoce otra cosa que la sonrisa y los aplausos de sus subordinados. Nada debilita tanto como el éxito permanente. En el fracaso y la derrota se conoce la verdadera perspectiva política. La desgracia es la mirada profunda a la realidad que nos rodea. Eso se lo tengo que agradecer a la mujer que llegó al poder y no respetó los acuerdos políticos, vanagloriándose, una y otra vez, de no hacer tratos. Ella me condenó a la pobreza. Es demasiado doloroso estar abajo, junto a la suciedad del desprecio y la miseria. Fueron duras las enseñanzas y el aprendizaje en el destierro político, pero a la vez, sirvieron de tónico para mis fuerzas. Ahora me empino sobre ese mundo donde el poder se compra con dinero.

Fue en ese momento cuando me asocié a uno de los hombres más peligrosos y corruptos que he conocido: Tito Blanco. Pero tengo que reconocer que ese tipo me llevó a la presidencia. Le entregué dinero a manos llenas, dinero de mi partido, y pensé que me lo iba a agradecer. Después comprendí que las personas no tienen ninguna obligación de ser agradecidas, porque a menudo esa gratitud es un pesado fardo que descargan encantadas.

Tito Blanco maneja la información del entorno político. Lo que no sabe lo averigua, y lo que no puede averiguar, lo inventa. Compra y vende información. Soborna a los empleados de menor rango, consigue documentación y la que no consigue la falsifica. Todas esas herramientas le permiten llevar las maniobras políticas siempre del lado favorable de quienes le pagan. Con la mayoría de sus enemigos utiliza el veneno de la amenaza y el miedo. Este sucio negocio no solo le da poder, sino que le ha permitido ganarse una buena fortuna.

Nunca confié en ese miserable, sabía que emplearía sus sucias tácticas para comprometerme. Olfateé el peligro del doble juego. Me estorba este hombre que sabe demasiado y que siempre quiere saber más. Es una sombra que se arrastra detrás de mi luz. Pero antes de aniquilarlo voy a hacer que tiemble. Eso lo juro.

CPÍTULO 6

El mandatario revisaba unos documentos cuando Arturo Aparicio Álvarez entró en su despacho.

—Señor, el presidente del partido desea hablarle.

—No estoy de humor para ese tipo de visitas. ¿No puede venir en otro momento?

—Ya se lo dije y contestó que lo que desea plantearle es urgente y que recuerde que su actual posición se la debe a él y al partido.

En cierta forma, tiene razón, he llegado hasta aquí con la constante colaboración de Emilio Berrocal. Siempre me ayudó a escalar en mi carrera política, pero nos disgustamos cuando nombré a Tito Blanco como viceministro. Ese miserable calumnió a su cuñado presentando una denuncia falsa en la procuraduría y cuando su hermana se enteró, sufrió un derrame y murió. Lo que no sabe el señor Berrocal es que ese tipejo me tiene en sus sucias manos. Y como no puedo darle explicaciones, nos hemos distanciado.

—Señor, ¿qué le digo?

—Que estoy ocupado, que lo atenderé luego.

—Usted sabe que si le digo eso, no regresará.

—Precisamente, eso es lo que quiero.

Emilio Berrocal recibió la respuesta con mucho enojo. Escribió una nota y se la entregó al secretario.

—Por favor, entréguele en sus propias manos esta nota al presidente.

—Así lo haré. ¿Volverá?

—No, ya no estoy interesado en hablar con ese señor.

Pronunciadas estas palabras se retiró. Cuando Arturo le entregó la nota, el presidente hizo un ademán para destruirla, pero sintió curiosidad y la abrió.

“No sabes lo arrepentido que me siento por todo el apoyo que te he ofrecido desde el partido. Si no hubiera sido por mi colaboración, estuvieras pidiendo limosnas. Ahora desprecias a los amigos y te engavillas con los miserables. Recuerda que ellos son buitres y tarde o temprano te tirarán en una zanja para despedazarte. Cuando eso, pase, no recurras al partido, ni a mí».

Sé que tienes razón, Emilio, lo que no sabes es que yo soy igual que ellos. El poder me ha convertido en un ave de rapiña, pero tú eres demasiado ingenuo para darte cuenta. Ya no me sirves. Además, pasas quejándote y profetizando desastres. Las personas como tú, contagian lo negativo y lo único que nos protege es la cuarentena. Por esa razón, te mantengo a distancia y no quiero verte.

El presidente nunca imaginó que antes de cumplir un año en el gobierno tendría que enfrentar la primera paralización. El llamado a paro lo hicieron los empresarios. Cuando se inició la fiscalización y recaudación de los impuestos, se pintaron de guerra. Casi de inmediato le enviaron un emisario, el cual fue despedido con las manos vacías. El ministro de comercio parecía preocupado, pero el mandatario no lo dejó ni hablar.

—Ministro Flores, necesito que convoque a los empresarios a una reunión en la presidencia. No quiero que este paro tome fuerza.

El ministro hizo una llamada desde su celular y palideció ante la respuesta del presidente de la Cámara de Comercio.

—¿Qué le respondieron que está tan asustado?

—Si a usted le interesa conversar con ellos, deberá ir a las oficinas de la Cámara.

—¿Cómo se atreven a desafiarme? ¿Acaso no saben que tengo el poder de arruinarlos y dejarlos en la miseria? Con un par de auditores que les mande a sus empresas los hago quebrar.

—Señor, le aconsejo que lo tome con calma. Yo también soy un hombre impulsivo, pero sé que en estas situaciones es mejor actuar con mucho tacto.

—Te equivocas, hay que asustar a esos pendejos. Y tú serás el encargado de hacerlo. No quiero nada por escrito ni testigos. Les llevarás el siguiente mensaje verbal: todo aquel que me provoque y que posea más bienes de los indispensables para subsistir decorosamente, deberá contribuir con parte de sus bienes a las grandes necesidades de su patria, pues lo superfluo es una violación a los derechos de los pobres del país. Lo que posean más allá de sus necesidades no les pertenece a ellos, sino al Estado. Diles que no me obliguen a desposeerlos.

—Señor presidente, ese es un mensaje fuerte y amenazador; además, creo que está por encima de las leyes.

—Las leyes las manejo yo; y ni se les ocurra acudir a la Corte suprema, porque saben bien que la mayoría de los magistrados están de mi lado. Agrega que les doy un plazo de doce horas para que suspendan el paro. Y luego que reabran las empresas, conversaremos de cualquier tema, no antes.

—Señor, discúlpeme, pero creo que se equivoca de táctica.

—Por favor, Flores, vaya a hacer su trabajo.

El ministro de comercio abandonó la oficina. Sabía que toda opinión opuesta a la suya era considerada por el presidente como una traición. Y que, con toda la fuerza que lo caracterizaba, arremetería contra quien tuviera la osadía de llevarle la contraria.

La reunión del ministro de Comercio con los empresarios fue caótica. La mayoría del gremio se asustó y, aunque al principio se quisieron revelar, el presidente de la cámara hizo un llamado al orden y les pidió ponerse de acuerdo. Luego de dos horas de debates, los empresarios decidieron suspender la paralización.

CAPÍTULO 7

Después de su victoria sobre los empresarios, el presidente nunca imaginó que otro grupo se atrevería a desafiarlo. Ya había golpeado a los sindicatos de obreros y a los empresarios. Pero quizás precisamente eso resultó un desafío para ellos. El transporte anunció un aumento en sus tarifas de manera inconsulta, sin siquiera solicitar autorización a la Autoridad del Tránsito. El director del Tránsito llamó al mandatario para pedirle instrucciones.

—Coloca inspectores en todas las piqueras y en cada bus que se atrevan a cobrar más del pasaje establecido, pones a un chofer de nosotros a manejar, custodiado por un policía. Si se resisten, anula sus certificados de operación.

—Señor presidente, usted sabe lo violentos que son los transportistas, ¿no será mejor conversar con ellos?

—De ninguna manera. Ellos actuaron a la brava, ahora que asuman las consecuencias.

—¿Y cómo vamos a resolver la paralización del transporte? Porque si les cancelamos sus cupos, seguramente se irán a paro.

—Ya te dije, que recluten conductores que respondan al partido, al gobierno; la Policía los apoyará. Si se van al paro, transferiremos los certificados de operación a personas que sí quieran trabajar, que en el partido hay muchas. Si alteran el orden, hay que castigarlos. Recuerda que la impunidad provoca ingobernabilidad. Y eso no lo voy a permitir. Ellos siempre han sido amigos de todos los gobiernos de turno, pero ahora se envalentonan y se declaran mis enemigos. Entonces que sepan que a mis enemigos los aplasto con contundencia.

La huelga de transporte resultó un verdadero desastre. Solo el primer día se anularon ciento treinta cupos. Doce dirigentes transportistas fueron apresados bajo el cargo de atentar contra la personalidad colectiva del Estado. En las calles reinaba el caos. La Policía reprimía violentamente a los manifestantes, quienes respondían con palos, piedras y bombas incendiarias. El comercio cerró sus puertas por temor a que se desatara un saqueo de proporciones incalculables.

Los noticieros estaban repletos de crímenes, motines, delincuentes aprovechándose del caos. La gente estaba siendo agredida por los manifestantes. La Fuerza Pública intentaba controlar la reyerta. A los hospitales llegaron más de cien heridos, catorce de ellos de gravedad. Entre los más graves se encontraba un oficial de la Unidad de Control de multitudes con quemaduras de tercer grado. Los estamentos de seguridad controlaron la revuelta; helicópteros, vehículos especiales, motocicletas y policías a pie peinaban la ciudad y detenían a los sublevados. Bien entrada la noche se impuso el orden.

El presidente se negó a negociar con los transportistas. El director de Tránsito expresó su deseo de reunirse con la dirigencia para llegar a un acuerdo.

—Si en medio de este enfrentamiento demostramos interés en un posible acuerdo, solo lograremos que se amarguen y enfurezcan más y pronto tratarán de vengar la derrota. Si aplastas una culebra con el pie, pero queda con vida, se dará la vuelta y te morderá con una dosis doble de veneno. La herida que le causamos a un enemigo debe ser de tal magnitud, que no tengamos que temer su venganza.

—Entonces, ¿cuáles son sus órdenes?

—No concederles absolutamente nada. Y si se portan

sumisos, les rehabilitas el certificado de operación, pero no a todos. Divide el territorio. Solo dale opción a una parte de ellos. Usa la generosidad de forma selectiva. Así crearás rivalidad. Recuerda el clásico principio romano: divide y vencerás.

—Así se hará, señor presidente.

La crisis del transporte se resolvió en cuestión de día y medio. Los detenidos fueron liberados y el 60 % de los certificados fueron devueltos a sus dueños. Los líderes de los transportistas fueron retenidos por varias semanas por orden directa del presidente.

Golpear al pastor para que se dispersen las ovejas. La mejor decisión que tomé fue detener a esos maleantes. Ahora dispersaré a los sindicatos transportistas. La hegemonía que ellos tenían en el país se terminó. Ahora o se alinean o se pudren en la cárcel. Conmigo nunca van a saber a qué atenerse. Hay que ser impredecible. Este comportamiento mantendrá a la gente desconcertada y se agotarán intentando entender cada movimiento. Eso intimida y aterroriza. La vida es como el ajedrez, si los demás no saben la jugada que pensamos hacer, los mantendremos en estado de terror.

Nadie sabía qué haría el presidente unos minutos más tarde. Sin embargo, «haga lo que haga será algo grande y potencialmente malo», comentaban los dirigentes del transporte. Esa conducta imprevisible es una herramienta bien conocida, utilizada por los terroristas y por los que intentan dominar a los demás.

Semanas después fueron liberados los líderes del transporte y el país volvió a la normalidad. Pocos meses más tarde, por orden del presidente, se autorizó un aumento a la tarifa del transporte colectivo y selectivo. Esta vez fueron los usuarios los que protestaron y el presidente, para calmar los ánimos, decretó un aumento general de salarios de treinta dólares. Los empresarios estaban tan asustados que ninguno se atrevió a protestar y solo argumentaron que los precios de la canasta básica alimentaria y la inflación aumentarían, a lo que la presidencia respondió autorizando la importación de una amplia variedad de productos para ser vendidos de modo directo al consumidor.

El secretario del presidente estaba preocupado por el rumbo de los acontecimientos. Él era la persona más cercana al mandatario y no le quedaba otra opción que advertirle de los comentarios que había escuchado en varias reuniones.

—Señor, sus adversarios afirman que usted está tomando medidas inconsultas que en nada benefician al país. ¿No cree que debería ir un poco más despacio... con paciencia? Ha habido demasiados cambios y muchas leyes juntas.

El presidente, que en esos momentos revisaba unos documentos, levantó la mirada.

—La paciencia es para los ahuevados. Yo no quiero perder el tiempo. Podría tomar dos o tres años en arreglar lo que está mal, pero no me da la gana. Lo voy a hacer de inmediato y al que no le guste que se joda. Y esos que tú llamas adversarios, que se vayan a la mierda.

El secretario retrocedió con intención de abandonar el despacho.

—Un momento, Arturo. Te agradezco la advertencia, pero no tengo tiempo para esa gente. Además, es imposible manejar un país como el nuestro con guantes de seda.

El presidente recibió una llamada donde le reportaron que cerca de doscientas personas habían ocupado varias fincas de propiedad privada en La Chorrera. En esos terrenos se planeaba desarrollar un centro comercial y los abogados de los inversionistas se quejaron de inmediato con el ministro de Comercio, quien a su vez le informó al presidente.

—No te preocupes, enseguida resolveré ese problema.

—Señor presidente, va a ser difícil sacar a esa gente de allí.

—Lo haremos. Diles a los propietarios que me den veinticuatro horas.

—Así lo haré. Le deseo suerte, señor presidente.

—No es suerte lo que necesito, sino coraje y eso a mí me sobra.

Una vez finalizada la conversación, el presidente llamó al ministro de gobierno y justicia, al de ministro de la presidencia y al de vivienda. Sus instrucciones fueron precisas: sacar a los precaristas a como diera lugar. Ordenó que se les diera dos horas para sacar sus pertenencias. Al término del plazo, entraría la Policía e incendiarían las casuchas que estuviesen de pie. Los precaristas resistieron hasta el último momento. Entonces llegaron las fuerzas de Control de multitudes y los dispersaron. Varios camarógrafos filmaron las escenas donde los invasores lloraban a gritos al ver todas sus pertenencias arder.

En la revuelta se dieron algunas detenciones. Casi todas esas personas necesitaban vivienda; sin embargo, los líderes del movimiento eran precaristas profesionales que invadían las propiedades privadas y se apropiaban de ellas para después venderlas ilegalmente. Estas acusaciones ya se encontraban en las respectivas fiscalías y los individuos fueron puestos de inmediato a orden de las autoridades competentes.

Durante el desalojo violento, el presidente vio las escenas a través de la televisión y comentó su satisfacción al haber enviado un mensaje claro de que no permitiría invasiones a la propiedad privada.

El secretario del presidente le anunció la llamada de Fernando Moreno, el jefe de la Policía, pero el gobernante se negó a atenderla.

—Arturo, tengo que hablar contigo. Pasa a mi oficina.

El secretario entró al despacho. El mandatario se notaba contrariado y, cuando esto sucedía, el secretario guardaba silencio esperando instrucciones.

—Cuando me vuelva a llamar el jefe de la Policía no me pases la llamada. Estoy pensando en reemplazarlo. Este hombre cada día presiona más con el fin de que se le apruebe una partida para armas de grueso calibre. Tú sabes que eso es peligroso. No podemos permitir la remilitarización de la Policía. Ahora se ven como ovejitas, pero en el fondo son lobos feroces. Ya sintieron el olor a sangre y si nos ahuevamos nos ponen las botas encima de la cabeza. Por otra parte, ahora son mucho más inteligentes. No son los gorilas de años atrás, sino hombres estudiados con capacidades inimaginables. Sin embargo, su instinto es el mismo. Son y seguirán siendo unos bárbaros.

—Los tiempos han cambiado, jefe. No creo…

—No seas ingenuo, ellos solo están esperando la mínima oportunidad para volver a hacerse con el poder. Fue un error poner a un militar como jefe de la Policía, pero la presión fue mucha y tú lo sabes.

—Señor presidente, hay militares buenos.

—Sí, solo los encontrarás en la milicia celestial; por ejemplo, San Miguel Arcángel. ¿Me puedes mencionar a otro?

—No sé qué decirle.

—No digas nada, Arturo. Ya está decidido. Además, he pensado poner a una mujer en la jefatura de la Policía.

—¿Una mujer?

—Sí. En este país las mujeres llevan los pantalones mejor amarrados que muchos hombres.

—¿En quién ha pensado?

—En la viceministra de Gobierno y Justicia.

—¿Amelia Díaz? Esa mujer es feroz.

—Por esa razón, ella es la indicada.

Una semana después, el presidente lanzó un comunicado de prensa para anunciar el nombramiento de la licenciada Amelia Díaz como jefa de la Policía. Dicha asignación provocó muchas críticas, pero el presidente respondía sonriendo, y aducía que eran producto de una sociedad machista. Sin embargo, le pidió a su departamento de relaciones públicas que confeccionara una lista de todas las críticas en su contra.

—Por ahora los dejaré que hablen, después haré que lo paguen caro…

Esa mañana, Julieta De La Guardia, su jefa de protocolo, le solicitó al presidente que la recibiera. Estaba nerviosa cuando entró a su despacho.

—Señor presidente, perdone que lo moleste, pero necesito su consejo.

—¿Mi consejo? Dígame, Julieta, para qué soy bueno. Ya sabe que goza usted de toda mi estima.

—Señor, es un asunto personal delicado.

—Por favor, estamos en confianza.

—Tengo problemas con mi esposo. Voy a ser sincera con usted, tuve una relación corta con un excompañero de la Universidad; fue algo emocional, ya sabe, producto del alejamiento en que nos encontramos. Él me acompañó a varias actividades de la campaña y acostumbrábamos a quedarnos luego con otros amigos a celebrar. De ahí surgió aquello…

La mujer se puso las manos en la cara y comenzó a llorar. El presidente se sentó junto a ella y le echó el brazo sobre la espalda. Julieta olía a frutas frescas, a naturaleza virgen. Su cabello era suave, se deslizaba como seda entre sus dedos, y la piel tenía una tersura exquisita que invitaba a besarla. Recostada de su hombro, ella logró dominar el llanto.

—De verdad, señor, fue una relación pasajera; anduvimos juntos poco más de un mes, al final de la campaña. Pero él es un hombre casado y estaba teniendo problemas con su esposa; yo no quise perjudicarlo y decidimos cortar nuestra relación. Fue fácil, creo, porque ninguno de los dos se había enamorado aún. Traté de arreglar la situación en mi casa y, cuando creía que ya lo había logrado, se apareció mi esposo una noche con un montón de fotos mías… Fue terrible, hubo un momento en que creí que me iba a matar. Tuve que irme de la casa, estoy viviendo con mi mamá.

—Pero, ¿por qué no se divorcian? Creo que sería lo más sano en estos momentos, antes de que él vaya a tomar otras medidas. ¿Quieres levantarle cargos por acoso? Te puedo ayudar en eso.

—No, señor; él no es un hombre malo; al contrario, me duele todo esto. Yo no quiero volver con él, pero me está insistiendo en que desea que regrese a casa, aunque ya no me atrevo y no sé cómo convencerlo de que lo nuestro se acabó.

Julieta estaba en sus brazos. El presidente sentía correr las lágrimas calientes de aquella hermosa mujer, mientras seguía aspirando el delicioso aroma que exhalaba. Debía ser placentero abrir los ojos una mañana y que Julieta De La Guardia fuera la primera visión que lo saludara. Ella continuó hablando, entre sollozos.

—Lo peor de todo, señor, es que no sé cómo diablos se enteró Tito Blanco de todo esto. Ayer fue a la casa de mi madre; ellos son primos. Me ofreció sus servicios para preparar un expediente con serias acusaciones contra mi marido y después, a cambio de no provocar un escándalo, proponerle que firmara el divorcio asignándome una cuantiosa pensión. Me dijo que, si lograba prosperar la demanda de divorcio por infidelidad, yo no tendría derecho a nada.

—Ni se te ocurra tratar con esa rata. Él se vende al mejor postor y sabe que tu marido es millonario. Lo más seguro es que esto sea una trampa del propio Tito Blanco. ¿Cómo crees que llegaron esas fotos a manos de tu marido? Algo me dice que él está metido en esto, porque esos son sus métodos. La hiena esa es capaz de haberte espiado para venderle las fotos a tu esposo y ahora trata de sacarte dinero a ti también. Casi veo la firma de Tito Blanco en todo tu problema.

—Entonces, ¿qué puedo hacer?

—Hazme caso y no hagas tratos con ese miserable. Tu esposo debe saber que estás protegida por alguien grande; es la única manera en que te respetará. Se me ocurre una idea para que él firme de inmediato.

—Lo escucho, señor.

—Hagámosle creer que somos amantes.

Antes de ahora, el presidente y Julieta habían pasado tiempos juntos, por asuntos de la campaña y de su imagen personal como mandatario. Pero nunca habían llegado a un grado tal de intimidad; no obstante, a él le resultaba evidente, por las miradas, por las expresiones y el comportamiento, que al menos ella lo admiraba y lo respetaba. Si estaba interesada en algo más, solo podría tratar de adivinarlo. Lo que a él más le gustaba era el hábito que tenía de tocarlo cuando le hablaba. Ella era expresiva en sus emociones, y no parecía haber nada inadecuado ni escandaloso cuando le ponía la mano sobre un hombro o le hacía dar la vuelta para ver cómo le entallaba un vestido. A fin de cuentas, ese era su trabajo. Pero a Maruja le irritaba esa actitud, aunque él poca atención ponía a sus rabietas. Sin embargo, no eran solo esos roces los que hacían que el mandatario disfrutara de su compañía, sino el profesionalismo que denotaba en todas sus acciones, el conocimiento de su materia, y sobre todo su perfume, que olía a manantial virgen.

Él jamás le había devuelto ni el roce de un dedo, pero sí la había mirado a los ojos y solo podía suponer que la sonrisa que bailaba en sus labios era una consideración favorable a la propuesta que ahora le estaba haciendo.

Julieta se levantó y se llevó las manos al rostro. Dio varias vueltas por la oficina, mientras pensaba: "Si para deshacerme del imbécil de Tito Blanco, y para lograr terminar en paz con mi marido, me tengo que acostar con el presidente, de seguro que me sacrificaría. La verdad es que desde que lo conocí me atrajo, es feo, pero irradia masculinidad y debe ser buen amante».

—Señor, no quiero comprometerlo; además, su esposa…

—En nada me comprometes. ¿Cuál fue la última vez que viste a Maruja por aquí? Sabes que lo nuestro solo es de papel; en realidad yo estoy soltero, casado con mi trabajo, si acaso.

—Pero, ¿cómo llevaríamos adelante ese plan?

—Fácil. Si estás de acuerdo, haré que le lleguen a tu esposo los rumores de nuestra relación; me acompañarás a una serie de giras que debo hacer al interior del país; te ocuparás de estar a mi lado siempre, que te vean al lado mío en todos los medios. Cuando él vea que lo nuestro es en serio, te dejará en paz, igual hará la sabandija de Tito Blanco.

—¿Le parece a usted?
—Eso está comprobado ya.
—¿Y cuándo lo haremos?
—A partir de hoy mismo.

Antes de retirarse de mi oficina, Julieta me miró de una forma tan sensual que tuve que contenerme para no saltarle encima. Es una de las mujeres más bellas que he visto. Su cuerpo invita al pecado, su forma de vestir enloquece al hombre más sensato. Aún siento correr sus lágrimas por mi hombro, todavía sigo oliendo a ella.

El plan salió a las mil maravillas. Julieta De La Guardia y el presidente se veían juntos en todas las fotos que publicaban los diarios, mientras inauguraba escuelas, cuando entregaba subsidios a gente pobre, cortando la cinta inaugural de una carretera, en todas. Hasta que en las columnas de chismes de los diarios se comenzó a tocar el tema. ¿Dónde estaba la primera dama? Era la pregunta común. Maruja seguía haciendo algunas actividades esporádicas, pero prefería ocultarse de las cámaras. Su lugar lo estaba llenando la jefa de protocolo, quien aparecía hasta en una de las tomas de publicidad del gobierno en la que se veía al mandatario subiendo al helicóptero presidencial con ella medio paso atrás. El papel de primera dama era de Julieta, sin duda, y ya había gente que le pedía favores al presidente a través de ella.

De regreso a la presidencia, ambos comentaron, divertidos, la serie de historias que se habían tejido alrededor de su relación fingida. De pronto él se puso serio y preguntó:

—Julieta, ¿por qué no convertimos todos esos chismes en realidad?

—¿Te atreverías?

—Esa pregunta deberías contestarla tú.

Por toda respuesta, la mujer se acercó a la silla de su jefe, se inclinó y lo besó larga y apasionadamente. Ninguno de los dos pensó adónde los llevaría su relación, que a partir de ese momento sería ardiente, y que los haría sentirse como dos estrellas solitarias que se decidieran a brillar al unísono en el firmamento.

Poco tiempo después, el marido de Julieta De la Guardia le firmó el divorcio, abrumado por las evidencias de que él ya no tenía el menor papel en la vida de su esposa. Indirectamente, pensó el mandatario, Tito Blanco, había resuelto el problema matrimonial de su jefa de protocolo, y a la vez le había puesto en bandeja de plata a la mujer más atractiva del equipo presidencial.

CAPÍTULO 8

Pese a su mutua antipatía, se sirven el uno del otro. El presidente conoce la potencia demoníaca del tipejo, y al tipejo le consta el poder político del mandatario. Entre los dos no se respira un ambiente amable ni cordial, porque se detestan desde lo más profundo de su ser.

El presidente está consciente de que el poder no es garantía de estimación. De hecho, es todo lo contrario: "Tito no es un enemigo más, sino uno peligroso», pensaba.

Cuando ocurrió la primera diferencia entre el ministro Eduardo Flores y Tito Blanco, el presidente se mantuvo a distancia. No iba a tomar partido en las rencillas de ellos. Mostró interés y algo de apoyo, pero se mantuvo siempre neutral. Con cada pelea, los dos se hacían más débiles, mientras que él se hacía más fuerte. El ministro le dijo que solo se quedaría si reemplazaba a Blanco.

—Flores, deme unas semanas y le aseguro que personalmente me encargaré de Tito Blanco. Ese hombre es como un cangrejo en el trasero.

—Está bien, esperaré el tiempo que me pide. Le agradezco, señor.

No obstante, el tiempo solicitado era extenso y Tito Blanco era insoportable, por lo que el ministro emprendió personalmente una campaña contra su viceministro. Le eliminó las pocas funciones que le restaban; trasladó la oficina del viceministro a un edificio alejado de la sede de comercio, sin personal asignado; mandó de vacaciones al funcionario que le servía de chofer, sin nombrarle reemplazo, y dio por perdidas cuantas notas enviara Blanco a su despacho en solicitud de atención. Esto provocó la ira del viceministro. En esta ocasión, no recurrió a los puños, pero se empeñó en aniquilarlo. Buscaría la forma de que el presidente lo destituyera para quedar él en su lugar.

Tito Blanco había estado interesado en el rápido ascenso de Julieta De La Guardia, de alguna forma envidiaba el modo en que esta mujer había suplantado tan rápidamente a la primera dama, con quien de por sí él había tenido varios problemas personales. Por si acaso, se las ingenió para ir guardando algunas fotos de ella con el presidente, en situaciones que revelaban su intimidad, aunque su deseo era obtener una con la que pudiera chantajearlos. En su casa tenía un paquete de fotos en las que se veía a Julieta haciendo el amor con su amante anterior; había sido fácil obtenerlas porque lo de ellos fue rápido y desbordante; casi ni se escondían. Se las vendió a buen precio al marido de Julieta, quien entró en una terrible depresión cuando las tuvo en sus manos. Luego trató de obtener algo de dinero adicional con la mujer, pero eso no había sido tan fácil. Lo que necesitaba en estos momentos era una foto de ella en brazos del presidente. No solo era arriesgado buscar la forma de obtener esa imagen, sino también tratar de utilizar luego esa prueba, pero el resultado valía la pena y por ahora lo que le interesaba era conseguirla.

Un evento inesperado favoreció los planes de Tito Blanco. El esposo de Julieta, una vez firmado el divorcio, se dio a consumir alcohol de manera incontenible. Se descuidó por completo. Una noche, el infeliz se encerró en su despacho a contemplar una y otra vez las fotos de su matrimonio y las grabaciones de la ceremonia, en las que se les veía tan felices. A la vez, se iba tomando todo el licor que guardaba en su minibar, hasta que no pudo más, tomó la pistola y se voló la cabeza. Encontraron su cuerpo en un charco de sangre, tirado sobre el montón de fotos de la boda, y también sobre las más recientes que le había vendido Tito Blanco.

Apenas enterado del suceso, Tito Blanco fue a comunicárselo al presidente. Él descansaba en su residencia y el jefe de los escoltas le informó que el presidente no recibiría a nadie a esas horas.

—Dígale al presidente que la noticia que le traigo es sumamente importante para él.

El presidente, que se había dado cuenta de la llegada del sujeto, llamó para preguntar cuál era la novedad. Cuando le explicaron, ordenó que le pusieran al viceministro al teléfono.

—Tito, ¿qué pasa?

—Señor, tengo una información de enorme relevancia para usted.

—Está bien, te atenderé en la biblioteca.

Tito entró, asegurándose de empujar, como por accidente, al jefe de los escoltas que tanto tiempo le había hecho perder. En la biblioteca, sin esperar que el presidente se sentara, le exigió.

—Quiero el puesto de Eduardo Flores.

—¿Qué te pasa? ¿Esa es la gran noticia que vienes a darme?

—No, la noticia es que acaban de encontrar muerto al marido de Julieta De La Guardia.

—¿Cómo? Pero si ella no me ha dicho nada.

—Ella no lo sabe aún, por eso quería prevenirlo. Además, vengo a exigirle que cumpla su palabra. Ya han pasado varios meses y no me ha nombrado.

—Tito, primero quiero saber qué le pasó al esposo de Julieta.

—Se suicidó, como te dije, no resistió el vivir con la certeza de que tú eras el amante de su esposa…

Era la primera vez que Tito se atrevía a tutearlo; al parecer, sentía que tenía las mejores cartas sobre la mesa. El presidente comprendió el mensaje.

—Baja la voz, ¿dónde crees que te encuentras?

—No finjas inocencia. Cuando investigué a Julieta conseguí fotos comprometedoras. No solo con su amante anterior, sino unas buenas donde se les ve juntitos, y otras cuando hacían…

—Desgraciado, podrás tener fotos de ella a mi lado, las mismas que salen en todos los periódicos, pero las otras jamás.

—Yo las tengo.

—No lo creo.

Tito Blanco extrajo la cámara digital de su bolso, la encendió y se la pasó al presidente. Este le echó una ojeada y palideció.

—Hijo de… ¿Cómo tienes esto?

—Esas fotos se consiguen si sabemos a quién pedirlas… o cuánto pagar por ellas…

—Te advierto que estás metido en tremendo lío.

—Quizás, pero yo soy un viceministro sin importancia y tú eres el presidente de la República; a propósito, vine por mi nombramiento.

El presidente no respondió, se resistía a permitir que alguien de tan baja calaña lo presionara. Sin embargo, no mostró su enfado, se esforzó en calmarse e hizo los cálculos. Cuando estuviera en posición propicia para darle vuelta a la situación, llevaría a cabo su venganza de una manera inteligente y reflexiva. "Se dice que la venganza es un plato que sabe mejor cuando está frío», pensó.

—Está bien Tito, mañana mismo haré el reemplazo. Pero quiero las fotos, quiero tu computadora.

—Tendrás que conformarte con mi palabra, que

sabes que es buena. Si cumples tu parte del trato, nadie verá estas fotos ni tendremos que decir que fue a causa de ellas que el marido de Julieta se pegó un tiro.

Es la primera vez que ese miserable no enseña la espalda doblada como lo hizo siempre, ahora se atreve a mostrarme los dientes. Su actitud me indigna, pero esa deslealtad incalificable la pagará cara. Siempre supe que era un reptil incapaz de serle fiel a nadie, que se arrastra por sus bajas pasiones, por la intriga y por el dinero, por el chantaje y el juego sucio. Es de los que navega por los pantanos del soborno y la corrupción; su único puerto es la vileza.

El presidente hizo el anuncio a la prensa y le pidió a Arturo que no le pasara llamadas del doctor Flores. El exministro estaba iracundo y su enemistad con el presidente se incrementó, pues vio su nombramiento como el peor de los ridículos. Era un hombre orgulloso, pero de ego frágil. Se sintió engañado, atacado y burlado. Un enemigo perdona la crueldad, pero el desdén jamás, y el hecho de haber nombrado a la escoria de Tito Blanco como su sucesor en el cargo era el peor de los desdenes.

Tito Blanco le entregó un disco compacto al presidente, en el que aseguraba tener las únicas copias existentes de Julieta De La Guardia en su relación anterior y en la más reciente con el mandatario. Este le habría perdonado el chantaje, la presión y su sonrisa sarcástica, todo, menos saber que había guardado por tanto tiempo esas fotos de Julieta haciendo el amor con aquel desconocido al que parecía amar tanto. Una ola de rabia afloró a su rostro cuando pensó que en las fotos de Julieta con su anterior amante había más pasión que en las que les habían tomado a ellos dos ¿Cómo pudo Tito Blanco conseguir esas fotos? Eran de buena calidad. Después de verlas repetidas veces, llamó a Julieta. Ella bajó la cabeza y apenas atinó a preguntar:

—¿Cuántas veces tendré que pagar por mi error? ¿Acaso quieren que me quite la vida como hizo mi esposo?

Hablé con Tito Blanco, el nuevo ministro de comercio. Le dije todo cuanto lo detestaba y le aseguré que él pagaría caras cada una de sus fechorías. Acepté que por ahora debía jugar su juego, pero le exigí que se mantuviera al margen de cualquier nueva posibilidad de escándalo. Se mantuvo callado. Después se justificó.

—Sabes lo importante que es para mí este nombramiento; además, no me habías cumplido; eso me llevó a estas acciones. No es mi culpa.

—Cállate, no digas una sola palabra. Eres un traidor redomado, pero tendrás que justificar tu posición actual. Bien sé que ninguno de los ministros te devuelve el saludo, y eso es comprensible; eres la mosca en esta sopa. Sin embargo, voy a requerir de un servicio similar al que hiciste antes, y no puedes negarte. Pronto te lo explicaré, ¿entendiste?

—Sí, señor presidente.

—Hipócrita. Ahora lárgate, no quiero verte.

CAPÍTULO 9

Era mediodía. El presidente regresó al despacho después de atender a varias delegaciones deportivas que salían a representar al país en una competencia en América del Sur. Arturo tenía encendido el televisor y en la pantalla se veía el rostro del doctor Antonio Pascal.

—¿Resucitó este imbécil? Meses sin decir esta boca es mía. ¿De qué habla ahora?

Cada vez que Antonio Pascal era cuestionado por algún periodista decía lo mismo: No tengo comentarios. Sin embargo, cuando el gobierno tomaba una medida equivocada o arbitraria, se alegraba y aducía su famoso lema de que cada pueblo escoge a los gobernantes que se merece...

—... De que Tito Blanco en el gabinete es una prueba de que este es un gobierno de rufianes, y de que usted es lo peor que le puede haber pasado al pueblo —contestó Arturo, imitando la voz de Pascal.

—Ah, eso; pensé que estaba diciendo algo nuevo —comentó el presidente antes de sentarse en su escritorio.

La oposición era casi inexistente. Antonio Pascal había enmudecido luego de perder las elecciones y la ex-presidenta se había marchado del país para rehabilitarse, según algunas fuentes cercanas al poder político.

Esa mujer sí era un hueso duro de roer, pero la fatalidad la ha sacado del escenario político. Siempre pensé que Antonio daría la guerra, nunca me imaginé que sería tan fácil derrotarlo. Al principio de la campaña los enfrentamientos fueron encarnizados, pero después del golpe de gracia que recibió tras las maquinaciones de Tito Blanco, el hombre se entregó. No luchó más.

Me alegra que Antonio salga a la palestra pública, dispuesto a enfrentarme. Un oponente digno hace al contendor más fuerte. Es mejor contar con un adversario declarado, que ignorar quiénes son tus enemigos.

Recuerdo los ataques de Antonio cuando me acusó de utilizar a los pobres para ganar adeptos. Lo que no sabe ese idiota es que los pobres son los más, y que los ricos solo sirven para financiar las campañas. Los votos los ponen las mayorías más necesitadas.

Toda mi campaña publicitaria estuvo encaminada a resaltar mi empatía con los humildes y marginados, ya que ellos tienen un deseo abrumador de creer en algo y en alguien. Mis palabras llenas de esperanza, entusiasmo y calidez llegaron al corazón de cada uno de los electores. Ellos necesitan creer en cualquier cosa. Basta con hacerles una que otra promesa y ellos la recibirán llenos de fe y alegría. Los discursos y las entrevistas incluían, por un lado, promesas de algo grande con capacidad de transformar las cosas, y por otro, una vaguedad total. Eso, está comprobado, es la receta perfecta para atrapar incautos.

El único error que cometí en la campaña presidencial fue por culpa de mi vocera. No sé cómo le hice caso, cuando me recomendó que cambiara mi apariencia a la de un hombre de pueblo y hasta se le ocurrió aquel lema: “Siento tu pobreza en mi corazón». La gente sabía que yo no era como ellos y que toda esa campaña era una especie de truco para hacerlos creer en la fantasía de la igualdad. Caí en la tentación de fingir la apariencia de un hombre corriente. Pero la gente se dio cuenta rápidamente de que había un trasfondo falso. Las consecuencias fueron nefastas; perdí la capacidad de inspirar credibilidad y en lugar de eso provoqué el desprecio. Todo el equipo de mi campaña percibió el desastre, pero el único que se atrevió a hacérmelo ver fue Arturo. Ese gesto le ganó mi confianza absoluta. De no corregir el rumbo, con la ayuda de Julieta, esas estupideces hubieran provocado mi derrota. No obstante, la intervención de Tito Blanco con su campaña de desprestigio en contra de mi adversario fue factor decisivo en mi triunfo cuando parecía que todo estaba perdido.

Las declaraciones de Antonio Pascal a la prensa fueron atropelladas y llenas de contradicciones. Estaba molesto por los últimos acontecimientos, entre ellos el nombramiento de Tito Blanco como ministro. Calificó de vergonzoso para el país el poner en esa posición a un hombre tan desprestigiado. Por otra parte, afirmó que eso crearía un ambiente de desconfianza para la inversión nacional y extranjera.

Julieta no pudo lidiar con el sentimiento de culpa que le provocó el suicidio de su esposo. Pasaba los días sumida en una grave depresión. Dejó de asistir a su trabajo y ni siquiera envió una excusa o su renuncia. La más preocupada fue su madre, quien sabía de la relación de su hija con el presidente. Angustiada, pidió una cita con el mandatario, quien la recibió con recelo. Estaba molesto con Julieta desde el día en que vio las fotos, y a eso se sumaba la situación emocional que había echado por la borda su relación tan bien llevada. Julieta ahora evitaba encontrarse con él si no estaba alguien presente. Además, si su madre había solicitado hablarle era porque conocía su relación y él le había prohibido hablar de ese asunto con otras personas.

Pero ahora estaba allí la mujer, frente a él, sin mirarlo a los ojos, pálida y nerviosa. Sus palabras salieron atropelladas cuando le explicó al presidente el motivo de su visita.

—Señor, vengo a pedirle que, por favor, hable con mi hija para que reaccione. No come ni duerme y se pasa las horas llorando. Desde que mi yerno se suicidó no ha vuelto a ser la misma.

—Señora, ¿yo qué tengo que ver con eso?

—Usted es el culpable.

—¿Yo?

—Sí, usted. Sé bien que son amantes, esa fue la causa de esta tragedia que ahora vivimos.

—¿Y se puede saber quién le dijo que soy amante de su hija?

—Ella misma. El día que su marido se mató no aguantó más y me lo confesó.

El presidente se incorporó de la silla con cara de preocupación, dio varias vueltas por su despacho y se detuvo frente a la mujer.

—Señora, hasta donde yo sé, la separación de su hija provino de causas en las que yo no tuve nada que ver. Espero que esa parte ella se la haya contado también. Es cierto, hemos mantenido una relación hasta hace poco, pero por mi parte eso se acabó y creo que por la de ella también, pues casi no la he visto últimamente.

—Señor, la pobre se la pasa llorando en su recámara.

—Ahora mismo no estoy en disposición de hablar con Julieta, pero haré algo mejor: le entregaré un cheque para que se vayan de vacaciones a Europa; allí hay buenos sicólogos, tal vez una terapia de duelo y unos días de sol mediterráneo ayuden a su hija a recuperarse de tan terrible tragedia.

—Se lo agradezco, pero eso no va a servir de nada. Ella no querrá viajar; está desconsolada.

—Entonces, mi estimada, su problema es algo que

escapa de mis manos. Siento mucho la situación por la que están pasando, pero aquí no encontrará la solución. Buenas tardes.

El presidente se dirigió a la puerta y la abrió. La madre de Julieta sacudió la cabeza y dijo en voz baja.

—Compréndame, señor; acepto su ofrecimiento.

El presidente cerró la puerta y volvió a su escritorio; cuando le extendió el cheque, a la mujer se le iluminó el rostro, apenas vio la cantidad.

—Señor, es usted considerado.

Y salió del despacho con una sonrisa que le desfiguraba el rostro.

La mayoría de las personas no tiene sentido común. El sentido común es el menos común de los sentidos, por eso debería llamarse sentido extraordinario. Un hombre puede soportar la depresión de su esposa, pero nunca soportaría la de su amante. El rol de las queridas es ser geishas de sus maridos. Cuando se ponen insoportables no hay otra alternativa que dejarlas. Gracias a mi buena suerte, mi esposa no ha descubierto mi affaire. Esto sí, hubiera sido terrible.

El presidente recibió un correo electrónico de Julieta, donde le expresaba que estaba recuperándose poco a poco y le comunicaba su deseo de regresar al país. Al final del correo le ponía el teléfono de su hotel en Madrid. El presidente la llamó de inmediato y la encontró en su habitación.

—Julieta, me alegra mucho que estés recuperada, pero no te quiero en Panamá. Espero que seas lo suficientemente consciente como para comprender que después del escándalo del suicidio de tu marido es peligroso continuar con nuestra relación. Te deseo lo mejor y, por favor, no vuelvas a comunicarte conmigo.

—Amor, no me puedes dejar.

—Ya te dejé y pagué bien por tus servicios.

—¡Cómo te atreves a llamar servicio al amor que te ofrecí!

—No tengo tiempo para discusiones semánticas. Terminó. ¿Has entendido?

El presidente no le dio tiempo a responder. Llamó a su secretario y le dijo:

—Arturo, a partir de la fecha, no recibiré llamadas de la señora Julieta De La Guardia. ¿Entendió?

—Sí, señor, perfectamente.

Acababa de cerrar un terrible capítulo en mi vida y salí mejor librado de lo que pensé. Fue una locura, una equivocación. De ahora en adelante, tendré mucho cuidado con ese tipo de deslices. Esto fue un dolor de cabeza innecesario. Nunca más me volverá a pasar.

Una llamada de su esposa interrumpió sus reflexiones. Estaba alterada. Le pidió que fuera de inmediato a casa porque tenía algo urgente que comunicarle. Él le contestó que hablarían en la noche, pues no podía suspender sus labores por una supuesta urgencia. Para él la palabra urgencia no existía, las situaciones son importantes o insignificantes. Y en ese momento no iba a atender las banalidades de su mujer.

CAPÍTULO 10

El presidente citó a Tito Blanco a su despacho. Había un asunto en su agenda que le urgía tratar con él. Sobre su escritorio tenía un montón de hojas encuadernadas. Se las pasó a Tito.

—¿Qué es esto?

—Es el borrador de un proyecto de ley para que el gobierno regule el precio de las medicinas, la comida y el combustible.

—¿Ya se hicieron las consultas?

—No tengo nada que consultar. En este país mando yo.

—Pues recuerde que los economistas dicen que las regulaciones son perjudiciales para el libre mercado.

—No digas idioteces, esa es la justificación de cuatro bribones que obtienen ganancias obscenas de sus negocios a costa de los más pobres. El que quiera ganar más de la cuenta que venda cocaína, pero que asuma el riesgo que esa actividad conlleva, ¿no lo crees?

—No sé qué decirle.

—No te mandé a llamar para escuchar tus argumentos, sino para que sigas mis instrucciones. Reúnete con los diputados y diles que quiero esa ley aprobada con carácter de urgencia antes de fin de mes. ¿Entendiste?

—Sí, claro, pero no estoy seguro de…

El presidente dio un puñetazo sobre el escritorio.

—¡Ni una palabra más!

La ley fue aprobada en veinte días. Los empresarios estaban disgustados, otros resignados. Sin embargo, los más iracundos fueron los dueños de los laboratorios de medicamentos. Despotricaron contra el gobierno y decretaron la carencia de medicamentos en el país. Los distribuidores de combustibles no ofrecieron declaraciones, pero dos días después anunciaron una paralización en sus negocios. La respuesta del presidente no se hizo esperar: le ordenó a Tito Blanco que, como ministro de comercio, enviara un comunicado advirtiéndoles que, si cerraban sus negocios, serían canceladas sus patentes comerciales y los responsables serían llamados a juicio por los cargos que se desprendieran de su acción. La paralización solo quedó en un amago y el gobierno una vez más salió vencedor.

Una mañana en que el presidente evaluaba el porcentaje de ejecución del presupuesto de inversiones de sus ministros de estado, se dio cuenta de que, salvo algunas excepciones, el avance era mínimo. Llamó a su secretario para comentarle su descontento ante ese hecho. Arturo le preguntó si les pediría su renuncia.

—No tengo que pedirle la renuncia a nadie. Yo los nombré, y con ese mismo poder puedo mandarlos al carajo. No voy a andar con paños tibios. En mi gobierno los ministros trabajan o se van para su casa. Voy a reemplazar a más de la mitad de mi gabinete.

El presidente le tenía reservada otra sorpresa a Tito Blanco. Este se enteró por las noticias de que varios ministros habían sido reemplazados y se hablaba del doctor Abelardo Pérez para sustituirlo a él en el ministerio de comercio. En efecto, así lo estaba anunciando el mandatario. Tito Blanco se llevó las manos al pecho, respiró profundo. A los pocos segundos escuchó su nombre como nuevo jefe de la cartera de trabajo. El comunicado decía que se trataba de cambios y rotaciones en los cargos ministeriales. Aliviado, marcó el número del celular del presidente, pero no obtuvo respuesta.

A la mañana siguiente, Tito Blanco se presentó a la presidencia para tomar posesión de su nuevo cargo. Llegó antes para hablar con el presidente.

—De veras, no entiendo este cambio de trinchera.

—Tito, no me hagas perder el tiempo. Hiciste una buena gestión en el ministerio de Comercio y ahora te necesito en el de Trabajo.

El presidente sabía que el ego de Tito Blanco era colosal. "A esos pequeños hombres se les domina con el halago», pensó. En la agenda del presidente aparecía, marcado con rojo, un nuevo trabajo para Tito Blanco. Luego del acto protocolar, lo hizo comparecer a su despacho. Cuando observó unos papeles similares al proyecto de regulación, tragó en seco. "¡Cielo santo, este hombre no tiene límites!, ¿con qué otra locura saldrá ahora? », fue su más íntimo pensamiento.

—Tito, estas son las reformas al Código de Trabajo, quiero que hagas una labor similar a la que hiciste el mes anterior.

—Eso será más difícil, señor. ¡Imagino que esas reformas no serán favorables a los empresarios!

—Te equivocas, estas favorecerán a los empresarios locales y a los inversionistas extranjeros.

—Pero entonces, ¿quiere usted levantar a la gente de SUDOR? Bien sabe que ellos solo esperan un pretexto…

—Ese es un problema, señor ministro de trabajo, con el que deberá lidiar usted. A menos que quieras renunciar.

Todo menos renunciar. Tito prefería sobrellevar la envidia, el odio y la ira antes que abandonar voluntariamente su puesto.

—No, señor, usted sabe que estoy para servirle.

—Asunto concluido.

Esta vez Tito no solo estaba preocupado, sino aterrado ante ese otro desvarío del presidente y su agenda siniestra.

Desde que se dieron a conocer las intenciones del gobierno de reformar el Código de Trabajo, los empleados en general se sublevaron. Las manifestaciones no se hicieron esperar y los programas de opinión pública parecían antorchas vivas. El presidente dejó su trabajo de lado para escuchar todo lo que se decía del tema. Desde ese momento no atendió una sola llamada de Tito y ordenó a su secretario que no le diera cita bajo ningún pretexto. En los programas de radio y televisión los participantes desahogaron toda su ira contra Tito Blanco, quien cada día se sentía más afectado por la presión. Después de reflexionar varios días, llegó a la conclusión de que el presidente lo había echado al cubil de los lobos con el único fin de vengarse.

Cada vez que el imbécil de Tito hace declaraciones me divierte ver su angustia y su desconcierto. No sabe qué hacer ni qué decir y yo no lo voy a rescatar. Que lo ataquen y lo insulten. Se lo tiene bien merecido. Nunca le perdonaré haberme provocado, a mí. Pronto, me va a rogar que lo saque del ministerio.

El proyecto de ley fue aprobado con cierres de calles y manifestaciones violentas que provocaron el caos en todo el país. Esa noche, en cadena nacional, el presidente declaró que vetaría la ley en su totalidad. Al ver esto, Tito Blanco sufrió un alza en la presión arterial y tuvo que ser llevado de urgencia a la clínica. El presidente no se dio por enterado. Dos días después, Tito salió del hospital y fue directo a las oficinas del presidente, a pesar de que los médicos le habían recomendado reposo absoluto.

En palacio, el secretario tenía órdenes de dejarlo pasar de inmediato.

—¿Cómo sigues?

—Con todo respeto, señor, usted es el causante de mi enfermedad.

En el rostro del mandatario bailaba una sonrisa mientras oía el tono con el que su ministro se dirigía a él.

—Calma, Tito, tengo información que desconoces. Si veté la ley fue porque el Consejo de seguridad nacional me informó de algo serio.

El presidente hizo otra pausa, dio un par de vueltas por la oficina, como midiendo sus palabras, y dijo.

—No quiero asustarte.

—Señor, ¿a qué se refiere?

—Calma, acuérdate de tu presión. Decía que hemos descubierto un complot…

—¿Y?

—Una emboscada bien planeada.

—No entiendo, ¿para qué?

—Tómalo con calma, repito; tratan de asesinarte. Por eso veté la ley, lo hice para salvarte la vida.

Tito Blanco no le creyó ni una sola palabra al presidente. Su desconfianza se convirtió en ira y le fue difícil disimularla. Las palabras de su jefe no parecían otra cosa que una amenaza directa. De ahora en adelante debería cuidarse la espalda, pues este enemigo era peligroso, el más peligroso de todos.

No es tiempo todavía, no ha llegado la hora de la caída de Tito. Una serpiente no se puede agarrar a mano limpia. Hay que darle en la cabeza. A Tito Blanco ya no le valen los ardides, las protestas, los juramentos, ni los chantajes; un intrigante gastado es siempre el más miserable del mundo. Hay que sacar a la víbora con la paciencia de un encantador, con movimientos calculados y firmes. Una vez la serpiente esté fuera, no hay razón para permitir la más ligera duda antes de asestar el golpe mortal.

El ridículo que hizo Tito Blanco como ministro de trabajo le granjeó la burla de la ciudadanía. En los programas humorísticos de varios canales se proyectaron las imágenes más burdas acerca de su papel en el gobierno. Eso divertía muchísimo al presidente, pero a Tito lo enfurecía hasta el extremo de exigirles a los dueños de los medios que cancelaran esos programas. Por supuesto, sus reclamos generaban más sátiras.

CAPÍTULO 11

Esa mañana, el presidente tenía en su agenda la inauguración de seis puentes vehiculares con los que se agilizaría el desesperante problema del congestionamiento vial. El ministro de obras públicas le había aconsejado que lo hiciera de uno en uno y en diferentes fechas, pero él prefería los golpes de impacto. La mayoría de los gobernantes hacían mucha alharaca con ese tipo de eventos. Un solo puentecito y armaban un escándalo. Él iba a inaugurar seis y no diría ni media palabra.

Cuando la comitiva llegó al último puente, el presidente se sentía cansado. Solo tres hombres de su escolta lo acompañaban. Un ruido al otro lado del puente hizo a todos agachar la cabeza: era un disparo. Sus escoltas lo lanzaron al suelo y lo mantuvieron tendido contra el pavimento. Se escucharon nuevos disparos. Él oyó a uno de sus guardaespaldas decir por radio que quien hacía los disparos había caído cerca de allí. Él contrajo los músculos abdominales y se acurrucó en posición fetal. Algunos segundos después, cuando sus escoltas lo introducían al auto y daban gritos para salir del lugar, comprendió que había sido alcanzado por un balazo en el abdomen. Quiso preguntar algo, cualquier cosa que le demostrara que no había muerto, pero la oscuridad lo envolvió por completo.

Tenía que relajarme. Respiré hondo por la nariz, aumentando poco a poco la intensidad. Creo que eso es lo que hacen los torturados para desmayarse y eludir el dolor. De hecho, sentí que me iba entregando. Emergí lentamente a la conciencia. Escuché unos sonidos, mientras una intensa luz lastimaba mis ojos. Sentía los pies entumecidos. Traté de incorporarme poco a poco, sin hacer ruido, pero me faltaban las fuerzas.

El presidente fue conducido de urgencia al hospital. La noticia acaparó la atención pública y hubo muchas conjeturas sobre la naturaleza del ataque; la confusión reinaba por doquier. No obstante, en menos de una hora ya los médicos informaban que la herida no era de cuidado, pues la bala había atravesado el cuerpo limpiamente, sin afectar órganos vitales. Al día siguiente, el presidente fue dado de alta, por insistencia suya, y se marchó a su residencia.

El Consejo de seguridad del Estado se reunió a puertas cerradas. El presidente estaba molesto. La investigación no daba frutos, solo se sabía que un menor de edad había disparado contra el presidente antes de ser abatido por los escoltas. Era un chiquillo que había pasado casi la tercera parte de su vida en la cárcel, de la que había escapado días antes para cometer el magnicidio. Su único familiar era una abuela ciega en Pueblo Nuevo, a la que poca información se le podía exigir; el arma usada en el atentado había sido reportada como robada de una residencia en Las Cumbres. Sin duda, alguien le había pagado al menor para que intentara matar al presidente, pero ¿quién?

Aunque no decía nada, el primero en su lista era uno de sus ministros: Tito Blanco, quien varias veces había llamado para interesarse por su salud, pero él se negó a atenderlo. Esa actitud del presidente debió ponerlo nervioso, pues entendía que en las presentes circunstancias era quien sumaba más motivos para el magnicidio.

Maruja, la primera dama, había sobrellevado todas las situaciones relacionadas con su esposo encargándose de actividades fuera de la vista pública, incluso exigiendo que no hubiese periodistas en los lugares a los que acudía. Se le veía cansada siempre, como agobiada por el peso de un sufrimiento, lo que era comprensible para todos y la dejaban en paz. Dos semanas después del atentado, le solicitó un generoso donativo para ayudar a la Campaña Arquidiócesis de la Iglesia Católica. El mandatario la complació, siempre lo hacía. Era una manera de llevar la fiesta en paz.

Cuando el arzobispo supo de la donación, se complació de que la primera dama hubiese tenido la gentileza de preocuparse por la causa que ellos adelantaban en pro de sus actividades, pero luego de recibirla y ver que la donación venía a través de un cheque del despacho presidencial, le dijo amablemente que no la aceptaba.

—No entiendo, su excelencia, es para la Iglesia, ustedes la necesitan.

—Y de veras que la necesitamos, pero ya hemos rechazado varias sumas importantes porque provenían de reconocidos hampones, de narcotraficantes, de políticos perseguidos por la ley; es un dinero que no debe contaminar el de la gente buena de este país, que es mucha, señora.

—¡Arzobispo! Usted dice que el presidente es…

—No, señora; yo no he dicho que su esposo sea algo de lo anterior, y quisiera reservarme los motivos que tengo para no aceptar su generoso donativo.

—No puedo aceptar sus palabras y retirarme como si nada hubiera pasado; soy y he sido católica todo el tiempo, al igual que mis antepasados, pero no puedo aceptar que alguien con su investidura me humille de esta manera.

—Señora, por Dios, a usted la tengo en la más alta estima, no lo dude. Si ese dinero viniera de sus manos, mucho se lo hubiera agradecido, pero, en cambio, proviniendo de su esposo.

—Pues exijo que me explique esta situación; ¿es el presidente un leproso?, ¿un ladrón?, ¿un narcotraficante?

—Me temo, señora, que se trata de algo peor, porque esos contienden con fuerzas mundanas, pero el presidente, su esposo, ofende a fuerzas superiores a nosotros, a Dios mismo.

—¿De qué habla usted?

—Me cuesta creer que usted no lo sepa, pero no tengo por qué dudar de su honestidad; su esposo, señora, forma parte de cierta sociedad secreta que merece todo el repudio de los fieles cristianos.

—Su excelencia, está usted en un grave y desafortunado error. Mi esposo puede tener todos los errores humanos, no será un católico practicante, pero eso no significa que pertenezca a ningún grupo como los que usted menciona.

—Ay, señora, parece que en el medio que usted se agita es la única persona que desconoce la afiliación de su esposo.

—En ese caso, su excelencia, como mujer primero, y como primera dama después, le pido que me aclare esto.

—Señora mía, desde hace años su esposo figura en la lista de los más conspicuos *Iluminatis* de este continente.

—*Iluminatis*... ¡Cuentos, excelencia! Disculpe usted, pero ese chisme lo he venido escuchando en boca de gente que no sabe lo que dice, no creí que usted se abasteciera de esas fuentes.

—Pues no se trata de esas fuentes, precisamente, de las que la Iglesia toma sus datos. Es más, a él se le identifica como un integrante del subgrupo de La Hermandad de la Serpiente.

—Si no fuera usted quien me dice eso, le aseguro que

estaría riéndome del chiste. Hermandad de la Serpiente, ¡Ja!

—No es broma, no es rumor. Los iniciados en esta hermandad afirman que poseen pensamientos tan profundos que solo unos pocos, gente educada de manera exquisita en este y en otros continentes, son capaces de entender sus secretos y utilizarlos. Son excluyentes, y por eso quizás usted no ha estado informada de las actividades que él...

—Excelencia, mi esposo cree en Dios.

—Quizás, pero habría que preguntarle en cuál, señora, porque ellos consideran a Satanás como dios, es más, como un dios bueno, pues (Ave María Purísima, permítame persignarme) dicen que fue ese ángel maligno el que le dio al hombre el conocimiento. Y a nuestro Dios Padre, al mío y al suyo, a Yahvé, lo tachan de malo por tratar de quitarles ese conocimiento.

—¡Pero eso sería una blasfemia!

—Es usted misma, señora, la que lo dice, porque usted ha estado apartada de esos senderos; en cambio, su esposo, el presidente de este país, considera eso como un fin.

—No, no, no puedo creerlo.

—Eso está comprobado, y bien comprobado. Él es parte de un grupo en cuyo seno el satanismo ha venido siendo desarrollado y practicado como un ritual secreto a lo largo de mucho tiempo.

El prelado hizo una pausa y miró a la esposa del presidente, calibrando el efecto de sus afirmaciones, pero ella no se atrevió a interrumpirlo.

—Esas personas afirman que utilizan su conocimiento para beneficio de la humanidad; pero como veremos, es totalmente lo opuesto. Su meta es gobernar al mundo. La doctrina de este grupo no es democracia ni comunismo, sino una forma de fascismo. Están unidos por una misma causa: “El nuevo orden mundial». El propósito es subyugar al mundo bajo el socialismo totalitario y entregar en bandeja de plata todos los reinos del mundo, a aquel que se ha pronunciado dios en la Tierra. Los *Iluminatis* están detrás de este plan, garantizando a sus miembros el dulce escalofrío de ser parte de los elegidos. Gente como el hombre que duerme a su lado están al servicio de un plan siniestro, señora.

—Perdone usted que insista, Monseñor, pero eso es una locura. Con todo el respeto a su autoridad, nunca podré aceptar una barbaridad semejante.

—Se lo repito, señora, su esposo pertenece a la Hermandad de la Serpiente, la que guarda los secretos de quienes reconocen a Lucifer como su único y verdadero dios.

—Señor, mi esposo ha trabajado duro, se ha sacrificado, ha padecido sinsabores como usted no tiene idea, ¡qué *Iluminatis* ni qué *Iluminatis*! Este hombre se ha ganado lo que tiene a punta de esfuerzo.

—No lo dudo, señora. Para superarse y avanzar en rango en estas sociedades secretas, las personas tienen que sufrir. Esto les servirá como iniciación, les valdrá para subir cada peldaño hasta llegar a la cumbre, en donde tendrán acceso a todos los secretos de la sociedad. Ellos creen que el conocimiento es lo único válido y que, por su intermedio, el hombre se convertirá en dios.

—Su excelencia, no puedo permitir que usted calumnie a mi esposo. Creo que la Biblia enseña que ningún reino puede surgir si está dividido contra sí mismo, y mire, pues, él mandándole esta contribución a la Iglesia. Si cambia de parecer, me llama para entregarle el dinero. Y tenga la seguridad de que mi esposo se enterará de nuestra conversación, pues yo no vine a confesarme y no voy a ocultarle lo que usted piensa de él.

—La entiendo, señora, y crea que comprendo su postura y no es mi intención pedirle que siga al margen de todo esto, porque de otro modo no la habría puesto al corriente de la situación. Eso sí, no crea que el presidente me atemoriza. Los hombres como su esposo necesitan de la piedad de Dios y, por supuesto, del prójimo. Dígale que todas las noches rezo por él, para que reencuentre el camino del que se ha descarriado.

Maruja se retiró de la oficina eclesiástica profundamente dolida. No pudo evitar el llanto. La invadía una gran tristeza y se sentía entre la espada y la pared. Amaba a su esposo y confiaba en él. Sin embargo, el ministro de Dios había sembrado la duda en su corazón. Aguardó hasta la noche para plantearle el tema y, cuando lo hizo, él lanzó una ruidosa carcajada.

—Me asustaste cuando te vi esa cara. Esas son las mismas noticias que suelen sacar las columnas anónimas de los periódicos; yo no les hago caso hace rato, pero viniendo de un subordinado del Papa, merece que mañana mismo me queje con el nuncio apostólico. Tú vas a ver el problema que tendrá ese curita de pacotilla con El Vaticano.

—Por favor, no lo hagas. A pesar de todo, no quiero perjudicarlo.

—Lo siento mujer, él debió pensar en eso antes.

—Amor, hazlo por mí.

—En esto no te voy a complacer. Si él te habló de esa manera significa que anda propalando esas fábulas ante otros con menos seso que tú, y a la larga me puede causar graves perjuicios. Mira que ya intentaron matarme; mañana pueden salir más locos diciendo que me liquidan en nombre de la salvación del mundo y un día amanezco crucificadas cabezas abajo en el Puente de las Américas. Tú sabes que este pueblo casi todo es católico y lo que diga ese cura atrevido tiene eco.

Maruja se retiró a su recámara, llorando. Él no la siguió, ni la consoló. Al día siguiente presentó ante el nuncio apostólico una acusación formal contra el arzobispo, detallando las aseveraciones hechas y el perjuicio moral y afectivo que le causaba. Dos semanas después, el reverendo recibió una reasignación como encargado de la salvación espiritual de los habitantes de una amplia e inhóspita región amazónica.

La esposa del presidente se sintió tan culpable que sufrió una prolongada depresión. No se atrevía a hablar del asunto con nadie y se fue alejando de la Iglesia. Ella, que siempre encontró consuelo en la palabra de Dios, se vio reducida a las cuatro paredes de su habitación. Sin embargo, su curiosidad la hizo buscar información sobre las sociedades secretas. En uno de los libros que le recomendaron se enteró de que en dichas sociedades se reflejan muchas facetas de la vida ordinaria. Además, gracias a una página en Internet supo sobre los requisitos de ingreso al clan, y pudo enterarse de que existe una gran selectividad para la admisión, condición que les da a sus socios un sentido de pertenencia poderoso.

Así supo que las sectas de ese tipo poseen signos, contraseñas, y otros instrumentos para comunicarse e identificarse, pero la herramienta más importante de cualquier sociedad secreta es el ritual y el mito que rodea a la iniciación. Estas ceremonias especiales tienen un significado profundo para quienes pertenecen a ellas. La iniciación une a los miembros en el misticismo, y la deserción es intolerable. Aun aquellos círculos que sin tener nada ilícito se inclinan al secreto, no permiten el libre retiro de sus miembros sin antes manifestarles alguna forma de renuencia, muchas veces consistente en castigos corporales, ante lo que consideran una alta traición, tal como se establece implícitamente en el ritual de iniciados.

La esposa del presidente encargó en esa misma página un libro titulado: "La conspiración oculta», y cuando lo leyó su confusión fue mayor. Después de esta lectura, Maruja se obsesionó de tal manera que hasta hablaba sola y no se apartaba de la computadora ni de los libros que leía a escondidas.

Una noche, el presidente la sorprendió guardando un documento debajo de la almohada. Ya él venía sospechando que algo no andaba bien con su mujer. Se acercó y bruscamente tomó el escrito. Eran varias hojas. Ella se tornó agresiva y trató de arrebatárselas, como si su vida dependiera de esa información. El presidente se alejó y se encerró en su despacho. Desplegó las páginas y las leyó:

"Finalmente, luego de más de 200 años de existencia, la Sociedad Secreta de los Maestros del *Iluminatis*, los promotores del concepto del Nuevo Orden Mundial, han alcanzado uno de sus principales objetivos, infiltrar a su propio *Iluminatis* en la Iglesia Católica Romana. Este suceso ocurrió, como ya hemos declarado, a principios de 1960. Este periodo también encaja con el periodo general de degradación espiritual y apostasía que hemos destacado en programas anteriores y en nuestro seminario. Por primera vez en la historia, las Familias Negras (la nobleza europea, que históricamente han practicado el espiritismo ocultista), los *Iluminatis*, y los masones, ahora trabajan juntos para traer el Nuevo Orden Mundial y el anuncio de la Religión del Nuevo Orden Mundial. Esta nueva religión será una combinación de todas las religiones del mundo, lo que significa la separación del cristianismo verdadero. Al infiltrarse en las más altas jerarquías eclesiales han obtenido una enorme victoria, y estará preparado el escenario para el desarrollo de los sucesos predichos en el libro del Apocalipsis».

Mientras tanto, en su habitación, Maruja preparaba una maleta a toda prisa. El mandatario no sabía cómo abordar este problema sin provocar un escándalo. Reflexionó un largo rato hasta que decidió enfrentar a su esposa y pedirle que ingresara en una clínica psiquiátrica. Se dirigió a su habitación y encontró todo en desorden. Sobre la mesita de noche estaba una nota:

"No puedo permanecer ni un solo día más bajo el mismo techo que un adorador de Satanás. No me busques, porque si me entero de que lo haces, yo misma te acusaré ante la opinión pública. Ahora que descubrí tus actividades secretas, estoy segura de que la muerte de nuestra hija fue un castigo de Dios, o a lo mejor se la entregaste al diablo para que te diera el puesto que hoy ocupas. Nunca te perdonaré. ¡Nunca! »

El presidente se dejó caer sobre la cama. Por primera vez en muchos años, no sabía qué hacer. Lo peor de todo era que él no tenía consejeros ni asesores. No confiaba en casi nadie. El único que le había dado muestras de lealtad era Arturo Aparicio Álvarez. Sin embargo, no podía consultarle cosas personales. Siempre pensó que quien tiene el poder no debe confrontar problemas domésticos, porque eso distrae, y él ambicionaba un poder absoluto sin vacíos de ningún tipo. Ahora se veía obligado a confiar en ese hombre que le había demostrado día tras día su fidelidad. Eran cerca de las doce de la noche, pero no dudó en llamarlo.

—Arturo, necesito que vengas a mi casa, de inmediato.

El secretario le obedeció sin hacer preguntas.

CAPÍTULO 12

La esposa del presidente conducía su automóvil a alta velocidad. Al salir de su residencia había sostenido una fuerte discusión con el encargado de su escolta. Se proponía llegar a la casa de Alicia, su mejor y casi única amiga. Siempre había sido su confidente, pero este era un caso delicado y peligroso. Sin pensarlo más, giró el timón en dirección a la casa de ella.

Cuando Arturo llegó a la residencia de su jefe, lo encontró alterado. Con pocas palabras le contó el problema con su esposa y le mostró la investigación que ella había efectuado en Internet sobre el tema en cuestión.

—Señor, ¿cree que esta situación sigue siendo parte de las consecuencias de aquella desventurada entrevista con el arzobispo?

—¿Lo dudas? Ese «cagadiablos» la dejó impresionada con sus desvaríos; espero que se lo trague una anaconda.

—Señor, ¿se fijó que esta es la página 69? Eso significa que su esposa se llevó el resto.

—Claro que me di cuenta. Por eso te llamé. Además, mis escoltas me informaron que llevaba un maletín y su portafolio personal en el auto.

—¿Ya dio órdenes para que la busquen?

—Sí, los hombres asignados a su escolta, a los que prohibió que la siguieran, andan haciendo ese trabajo.

Maruja llegó a la casa de Alicia. Como era más de media noche, su amiga ya estaba dormida y tuvo que llamarla varias veces por el celular y por el intercomunicador para despertarla.

—¿Qué te sucede? ¿Por qué andas a esta hora por la calle?

—Estoy asustada, amiga. Baja para dar unas vueltas en el carro, no podemos hablar aquí. Acabo de descubrir algo peligroso.

El presidente se sirvió un trago de coñac. En ese momento sonó su celular.

—No puede ser. ¿A dónde se la llevaron? Ok, vamos para allá. Arturo, acompáñame.

—Señor, ¿qué pasó?

—La encontraron.

—¿Dónde?

—No sé bien, está en una calle… ¡Muerta! ¿Entiendes? ¡Muerta!

—¡No puede ser!

—Así es… un accidente de auto.

—Señor, yo…

—Está bien, está bien, de todos modos, creo que es lo mejor.

Al llegar el presidente a la escena del accidente, uno de sus hombres le entregó una bolsa cerrada. La abrió en busca de los papeles que le interesaban, pero no los encontró. Entonces buscó en la cartera, tampoco estaban. Entre las pertenencias de Maruja había maquillaje, la billetera y el celular. Buscó en el teléfono los números de las últimas llamadas y palideció.

—Arturo, ¡llamó al Canal 14!

—Si es así, es terrible. Hay que adelantarse a la noticia.

—Necesito que contactes a los aliados que tenemos en esa televisora. Pídeles que averigüen cuánto saben de este caso, y ojalá que obtengan la información que les dio Maruja; pero no tenemos mucho tiempo.

La jefa de la Policía Nacional y el ministro de Gobierno se les acercaron con respeto. El ministro fue el encargado de reportarle las novedades.

—Señor presidente, ya la compañera de su esposa está en el hospital.

—¿Y cómo la ven?

—Hay pocas probabilidades de que sobreviva.

—¿Quién era?

—Alicia Pinilla.

—Alicia… oh sí, ella era buena amiga de mi esposa.

El presidente se apartó de los dos funcionarios y le comentó a su secretario.

—Arturo, ¿crees que Alicia sabría algo?

—No lo dudaría. Casi me atrevo a apostar que ella fue quien le aconsejó llamar a la televisión.

—No sé qué hacer.

Eran raras aquellas palabras en su boca. Un fenómeno increíble que se observa en los hombres poderosos es la indecisión en los momentos críticos; es como si a ellos no se les perdonara temer, titubear ante el riesgo, y debieran ser osados en todo momento, incapaces de la duda.

—Señor, lo recomendable ahora es adelantarse a la prensa, hacer una declaración.

—Tienes razón. Llama al Canal 14 y diles que se aparezcan a la presidencia en una hora que voy a ofrecerles una primicia. Y a los demás canales diles que voy a estar en mi casa a esa hora, eso los despistará.

El secretario hizo la llamada y mirando al presidente, le confirmó.

—Señor, ya todo está listo. El director de noticias del Canal 14 estará en su oficina a la hora que les indiqué.

Entraron a la presidencia por una puerta lateral, para evadir algún posible reportero insistente. Ya el director de noticias del Canal 14 los aguardaba con un camarógrafo. El presidente le pidió garantías de que lo que se hablara allí saldría en las noticias matinales, lo cual se le garantizó. Mientras se acomodaba en un sillón y se preparaba el escenario, le ordenó al secretario:

—Arturo, averigua el estado de salud de Alicia.

El secretario hizo una llamada al hospital. Lo que le contestaron del otro lado le demudó el rostro.

—Señor, Alicia Pinilla, acaba de fallecer.

El presidente se incorporó y fue hasta un rincón; en voz baja le habló a su hombre de confianza.

—Perfecto, Arturo, perfecto; las cosas son mejor así.

—No entiendo.

—Es la primera vez que cometo un error tan grande. Por semanas observé cómo la salud emocional de mi esposa se deterioraba y no hice nada para solucionarlo. Estaba ocupado.

—¿Y cómo va a arreglar esto ahora?

—Los errores son inevitables. Los poderosos se destrozan, no por sus errores, sino por la manera en que los manejan. La equivocación no se desvanece con una simple disculpa, al contrario, se profundiza. Es mejor apartar la atención de uno mismo y enfocarla en un chivo expiatorio conveniente. Y ese chivo expiatorio nos es dado en la persona de un cadáver: Alicia Pinilla.

—¿Qué piensa decir?

—Es simple, diré que esta mujer exacerbó los temores que había infundido en la mente de mi esposa, el bueno para nada del arzobispo, ese, con sus comentarios perniciosos. Esa información, unida a la que ya se conoce sobre el arzobispo, encajan bien en una declaración de demencia de mi esposa.

—¿Dirá que su esposa estaba loca?

—Oh no, por supuesto que no. Solo diré que sus facultades estaban disminuidas ante el asedio emocional que significaron, primero, las palabras del «comecirios» ese, y luego, por la influencia de la crédula de su amiga… Y te aseguro que mañana no me faltará un psiquiatra que avale estas afirmaciones, ya verás.

Las declaraciones del presidente fueron proyectadas en las noticias de la mañana. La conmoción fue general. Era una historia tan inverosímil que nadie la creyó; no eran pocos los que habían conversado con la primera dama horas antes sin notarle tales facultades disminuidas. El asunto de las sectas secretas se revivió y los comentarios fueron innumerables. Entre las murmuraciones había una que sostenía que ambas mujeres fueron asesinadas por una sociedad secreta a la que pertenecía el presidente; otras sostenían que la Iglesia mandó a cometer el crimen para vengar el exilio impuesto al arzobispo. En este punto la especulación tocó fondo y entró en el campo del chisme; nadie que se preciara de ser serio se atrevía a repetir semejantes versiones descabelladas.

Arturo Aparicio Álvarez, mientras tanto, se sintió influido por tanto comentario; sin embargo, no se atrevía a preguntarle a su jefe qué de cierto había sobre sus nexos con tales sociedades secretas. Aquella duda lo atormentaba de dos maneras; por un lado, estaba su fe herida, y por el otro, la lealtad que le debía al presidente, hasta en asuntos de pensamiento.

En verdad, el puesto le estaba ocasionando mucho estrés, pero no podía abandonar al hombre en aquel instante. Ellos se conocieron veinte años atrás, cuando el presidente ocupaba un viceministerio; en esa ocasión, él desempeñaba un puesto insignificante, pero, años después, cuando ascendieron al futuro mandatario a ministro, lo llamó para que fuera su secretario personal. Ya no se separarían más, pero pese a los años de trabajo compartidos, no lo consideraba su amigo, sino su jefe, y eso lo tenía bien claro.

El presidente se enfrentó a los trámites del funeral con la actitud que era de esperarse en él. La ceremonia fue privada y solo participaron personas cercanas a la presidencia y unos cuantos familiares. Los periodistas cubrieron las exequias desde lejos, contenidos por un férreo cordón de seguridad. Con sus cámaras captaron el semblante inexpresivo y la mirada perdida en la distancia, como si en vez de dolor él padeciera el fastidio de una ceremonia ingrata. Cuando los reporteros le gritaron preguntas desde lejos, solo tuvo una respuesta que todos comprendieron.

—No voy a hacer declaraciones.

El silencio de los congregados sin invitación denotó la aceptación de sus deseos. De pronto, un grito llamó la atención.

—¡Asesino! ¡Tú la mataste!

Desconcertado, el presidente vio a Flora, la madre de su esposa. El jefe de la seguridad le dijo que se había comportado de una manera violenta al inicio del funeral, por lo que debieron sacarla del sitio. El mandatario arrugó el ceño, era una situación embarazosa. Desde su lugar, le hizo una seña a la mujer para que se tranquilizara, mientras le ordenaba a uno de los escoltas que le abriera paso.

—¡Eres un miserable! ¿Cómo te atreves a prohibirme la entrada al funeral de mi hija?

—No di esa orden, lo que se hizo fue para protegerte, estabas perturbada y…

—¡Perturbada tu madre, desgraciado! Y del único que tengo que protegerme es de ti, criminal. Tú mataste a mi hija. Ella me llamó antes del accidente y me dijo que eras el demonio.

—Flora, baja la voz, aunque sea por respeto a la memoria de Maruja. Ella estaba padeciendo problemas mentales por causa del arzobispo, ese que expulsamos. Huyó cuando supo que la iba a ingresar en una clínica siquiátrica.

—Nunca me vas a convencer de semejante patraña.

En ese momento el presidente se dio cuenta de que varios camarógrafos tenían las cámaras puestas sobre ellos; se volvió a su secretario y le dijo:

—Arturo, diles a esos desgraciados que si sacan esta basura tendrán que afrontar las consecuencias.

—No se preocupe, me encargaré de hacerles saber eso. Conozco más de una forma de controlarlos.

El presidente interrumpió el diálogo con su suegra. Esta trató de seguirlo, pero la seguridad se lo impidió. Hubo forcejeos, empujones, llantos y arañazos, pero mientras eso ocurría, el cortejo fúnebre salía rápidamente del lugar.

El secretario del presidente entró al despacho y le anunció a su jefe que en la línea telefónica aguardaba Julieta De La Guardia, quien en tono amenazante exigía ser atendida.

—No te he dicho que…

—Señor, durante días he estado filtrando a esta mujer, pero ahora profiere amenazas que considero que usted debe conocer.

—¡Está bien! Pásame la llamada y yo resolveré este asunto que al parecer te queda grande.

Arturo captó la ofensa incluida en el comentario, sin embargo, la dejó pasar a cambio de deshacerse de la impertinente mujer que todos los días le amargaba su jornada de trabajo. Su jefe tomó el teléfono y se expresó en un tono de falsa complacencia.

—Caramba, mujer, ¿cuándo llegaste?

Del otro lado le contestó una voz áspera, impregnada de enojo.

—Hace días estoy tratando de comunicarme contigo, pero el inepto ese de tu secretario…

—Deja tranquilo a Arturo, él solo hace su trabajo.

—Necesito que me atiendas.

—Tú mejor que nadie sabes que no es conveniente que nos vean juntos; y menos ahora.

—Entonces nos veremos en otro lugar. No creas que vas a echarme a un lado como a un zapato viejo.

—No digas estupideces.

—Tú sabes que no tengo nada que perder.

—Está bien. Se me ocurre que podría verte en la casa de Arturo, ya que te cae tan bien. ¿Sabes dónde vive?

—Por supuesto, conozco bien a ese esbirro. Estaré allí en media hora.

—No, no, tú no decides mi agenda. Te veré allí mañana a las nueve de la noche.

El hombre dejó caer el teléfono mientras reía al imaginar la sorpresa que le daría a Arturo el saber que su casa iba a ser usada para una cita tan inconveniente como esta. Pero en verdad no se le ocurrió un mejor lugar.

Al día siguiente, tal como lo acordaron, el presidente llegó a las nueve. Julieta estaba esperándolo con una botella de licor casi por la mitad. Ni siquiera la saludó. Entraron al estudio y allí le dijo en forma abrupta:

—Dijiste que no tenías nada que perder. Entonces, ¿qué es lo que pretendes ganar?

—No creas que te tengo miedo.

—No, si no se trata de miedo, se trata de lo más conveniente para ambos. Trabajaste en mi equipo de gobierno, se te pagó un buen salario por eso. Y el dinero que le entregué a tu mamá bien valía como una indemnización más que justa.

—Europa es cara… los tratamientos son costosos.

—Oh, oh… eso me dice que te has quedado sin dinero. Claro, con tu madre ayudándote a gastarlo.

—No, sabes bien que mi problema era serio; de algún modo amaba a mi esposo y no logro asimilar aún la idea de que muriera de esa manera.

—¿Lo amabas? Las fotos con el tipo aquel que fue tu amante también evidencian que lo amabas mucho, ¿o me equivoco?

—Eso fue pasión, no amor.

—Caramba, buena definición para esas imágenes. Y conmigo, qué fue. No digas pasión porque bien sé que no se trató de eso.

—Lo he pensado mucho en estos días, creo que lo que me llevó a ti fue la necesidad de protección ante la crisis tan grande que enfrentaba. Además, siempre te había admirado en secreto.

—Honor que me haces, Julietita. Entonces, ¿esta vez de cuánto va a ser el sablazo?

—No me hables así, no soy una cualquiera. Quiero pedirte que me des la oportunidad de volver a tu lado, a trabajar, y luego, poco a poco, iré intentando ganarme tu cariño.

—Suena bien.

—¿De veras?

—Claro, suena bien para ti, pero no para mí.

—¿Entonces?

—En el único lugar que te quiero es lejos de aquí, ojalá que fuera del país.

—No me digas eso.

—Así es, y para que veas que no soy desconsiderado, pasa mañana a la Cancillería, donde te asignarán un cargo de tercera en Singapur. Nada de importancia, pero solo en gastos de representación obtendrás más ingresos de los que ganabas como jefa de Protocolo, y quizás conozcas allá a algún singapurense —así se dice, ¿no? —que pueda revivir en ti la pasión que demuestras en esas primeras fotos con tu amante.

—Perverso —Julieta se acercó con un gesto que evidenciaba su interés de besarlo, pero el presidente le levantó el mentón con un dedo y la miró fijamente.

—Y controla la bebida, ya estás borracha.

El presidente salió del estudio sin despedirse. Afuera estaba su secretario, a la expectativa. Fue él quien ayudó a la mujer para que pudiera salir de la casa, y le llamó un taxi, pues la vio en malas condiciones. Además de pasada de tragos, estaba abatida. Mientras esperaban el auto, lloró a mares sobre los hombros de Arturo.

CAPÍTULO 13

No sé qué hacer. No puedo darme el lujo de equivocarme. En política una equivocación es peor que un crimen. Tengo que encontrar la forma de salir de este laberinto, no puedo permitir que los medios comiencen a escarbar en mi pasado y mucho menos que se me asocie con sociedades secretas.

Todas las mañanas, antes de su reunión con los ministros, el presidente revisaba el informe de las noticias y el correo electrónico. Entre los mensajes había uno que le llamó la atención: "Solo para sus ojos», firmado por un tal "Dr. Kildare»; casi lo vence el impulso de mandarlo a la papelera, pero pulsó dos veces el icono de "Leer mensaje» y enseguida se desplegó un texto en letra roja: "Tengo los papeles que llevaba su esposa el día del accidente; son cosas personales que solo les competen a ustedes dos, y por los cuales espero un pago justo. Si le interesa recuperarlos, llámeme». Enseguida había escrito un número de teléfono celular. De inmediato lo marcó. Le respondió un hombre con un tono de voz fuerte. Antes de que el tipo pudiera hacer el mínimo comentario, el presidente le hizo saber:

—Escucha y calla, "doctor Kildare»: los papeles que tienes me interesan solo a mí; en tus manos pueden estallarte en la cara. Te voy a dar dos únicas oportunidades de salir de esto: la primera es que dentro de poco se va a comunicar con este número mi secretario privado; él se reunirá contigo, sin policías ni escoltas, en el lugar y el sitio que él mismo te dirá. Llevará un sobre con una recompensa en efectivo, acorde con el valor que tienen para mí esos documentos, dinero sin marcar, te doy mi palabra. Tomarás los billetes, le darás lo que tienes y haremos como si esto nunca hubiera pasado. Esa es tu primera salida, buena, por cierto; la otra es tan, pero tan fea, que no te gustará conocerla, te lo aseguro, por eso me la reservo.

A mediodía, Arturo le puso los papeles sobre el escritorio.

—¿Sin novedad?

—Sin novedad, señor. Ah, permítame felicitarlo por sus dotes de negociador.

—Vamos, no es para tanto. Recuérdame, darte una semana libre, tan pronto se concrete el viaje ese a la ONU, del que al parecer no podré escaparme.

Días después, la situación política volvió a complicarse. El presidente le pidió a Arturo que localizara, con mucha discreción, a una persona.

—Necesito que me localices a la astróloga que consultamos en campaña.

—¿Se refiere a Isabel De La Fuente?

—Sí, es cierto, así se llama. Siempre me intrigó que ella se dedicara al esoterismo. Es tan fina, tan educada, y sobre todo bella.

—Señor, ella no es astróloga ni se dedica al esoterismo. Lo hizo como un favor personal. No sabe cuánto me costó convencerla. Es una mujer con solvencia económica y maneja una empresa de relaciones públicas exitosa.

—¿Qué sabes de ella? ¿Está casada?

—Estuvo casada, pero se divorció cuando descubrió la infidelidad de su esposo. El pobre hombre pensó que podía burlarse de una mujer con tanto poder, abstracto, pero poder al fin. El tipo trató de desposeerla, pero la fortuna era de ella, una herencia familiar. Así fue que el infeliz tuvo que irse limpio y con la cara larga.

El presidente se sirvió un vaso de coñac y recordó a la mujer que tanto le había impresionado cuando la conoció, por su apariencia apabullante, su esbelta figura, sus cabellos rojizos abundantes, sus ojos color miel y esa mirada que daba la sensación de que escaneaba el alma de su interlocutor.

—¿Qué edad tendrá esa mujer, Arturo?

—Ni todos los secretos del Estado se reservan como ese dato, se lo aseguro.

—Bah, levantas el teléfono, llamas al Registro Civil e inmediatamente te dicen el nombre, el lugar de nacimiento, los padres, el color de los pañales, la marca de leche que tomó…

—¿Me está ordenando que la investigue?

—Bien sabes que no, tonto. Ahora que me he puesto a recordarla, sé que uno de sus mayores atractivos es todo el misterio que la rodea.

—En eso tiene usted toda la razón. Yo tenía 30 años cuando la conocí, así que saqué cuentas, y ella era ya una mujer hecha y derecha. Eso sí, mientras a nosotros nos caen los años, ella se conserva igual. Es lo que se llamaría una mujer sin edad.

—Arturo, en vez de estar hablando pendejadas, llama a Isabel De La Fuente. Invítala a tu casa mañana; no, mejor al apartamento, ese que tenemos para las reuniones que requieren discreción. Manda a preparar algunas cosas, ya sabes, algo que a ella le agrade; inventa el pretexto y, cuando esté allí, me avisas para aparecerme, como quien no sabe nada, ¿te parece?

—Perfecto, así lo haré.

Arturo era exigente con los detalles, y cumplió a cabalidad las órdenes del mandatario. Al día siguiente, a las siete y treinta, estaba al habla con su jefe.

—Señor, ella está aquí.

—Cuéntale alguno de tus chistes menos malos, voy enseguida.

El presidente salió y le dio al jefe de seguridad el nombre clave del edificio que empleaban para diversos asuntos, desde atender a un invitado extranjero, hasta celebrar el cumpleaños de algún embajador amigo: "La Casita Blanca». Cuando llegaron, le ordenó que mantuvieran toda la discreción posible mientras él se encontraba en el sitio.

La suerte lo acompañaba, aparte de los encargados de la custodia, no se encontró con nadie en el *lobby* ni en el ascensor. En el piso 13, ya Arturo lo estaba esperando.

—¿Dónde está Isabel?

—En el baño, señor.

—¿En el baño?

—Jefe, se molestó un poco porque no le avisé que usted estaría aquí, y eso que le dije lo que convinimos: que usted andaba cerca y decidió pasar a saludarla, pero ya sabe cómo son las mujeres. Insistió en arreglarse el maquillaje.

—Bien, bien… una mujer así merece que la esperen.

En ese momento Isabel entró a la sala con una amplia sonrisa. "Esta mujer debe ser bruja de las de verdad, porque es cierto que no envejece», pensó el presidente.

—¡Isabel De La Fuente!, ¡Te ves tan bella como siempre! Perdón, yo hasta diría que más joven.

—Son sus ojos, mi querido presidente, sus ojos son los que me embellecen así y créame que se lo agradezco. Pero dígame una cosa, las coincidencias no existen, como bien sabemos, así que explíqueme, ¿para qué soy buena?

Isabel era una mujer que no andaba con rodeos, siempre iba al grano y eso al presidente le fascinaba.

—Fuera pretextos, entonces, y eso me hace sentir más cómodo. Isabel, necesito de tus servicios.

—Caramba, el presidente de la República necesita de mis servicios… como relacionista, supongo…

—No, no. La presidencia está llena de relacionistas y ya ves cómo andan las cosas. Estos días me abruman una serie de presentimientos, de problemas que van y vienen como si no hubiera solución para ellos.

—Casi es lo que dijo en su discurso en la ONU; fue realista: "Los países menos desarrollados estamos llevando el peso de las medidas que se toman para contener el cambio climático, cambio que promete desastres para la Tierra, y que es promovido por las grandes potencias y los países desarrollados… »

—Caramba, estás bien informada.

—Yo sigo lo que usted hace, aunque a veces me desoriento.

—Pues, desorientado, me siento yo también. Digamos que necesito de esa visión especial que tienes para indagar en las cosas, ¿me entiendes?

—Qué bonito lo dice… pues para esa "visión especial», como usted la llama, en primera instancia tendría que ayudarme con algunas herramientas; necesitaría hacerle una carta astral.

—Creo que eso fue lo que hicimos la vez pasada, durante la campaña.

—No, no. En esa ocasión usted solo permitió que le hiciera el Tarot.

—Está bien, mujer, lo que sea, esta vez haré lo que juzgues conveniente.

—Me imagino que el problema es grande cuando usted no ha puesto reparos en aceptar mis métodos.

—Si eres buena, como creo que lo eres, tú misma lo descubrirás. No voy a adelantarte nada.

—Eso es, me gusta esa actitud. Entonces dejémonos de rodeos y manos a las cartas.

El presidente se sometió a las órdenes de la hermosa mujer. Al terminar la carta astral, Isabel De La Fuente se la entregó al presidente. Él se la devolvió diciendo que no sabía interpretarla, que por favor leyera lo más importante con relación al problema que tanto le perturbaba, pues imaginaba que ella ya lo había percibido. Isabel sonrió con malicia.

—Señor presidente, su signo solar es Escorpio. Este es el signo donde se encuentra su sol en su carta natal. Eso nos dice que usted es intenso y que posee sentimientos fuertes. No obstante, le resulta difícil hablar de ellos, debido a que son complicados. Cuando usted pierde los estribos se enoja mucho, pero afortunadamente, eso no sucede a menudo. Su ascendente está en Libra y su Luna también. Eso significa que usted tiende a actuar en secreto en los asuntos que más le importan. Su objetivo más fuerte es asegurarse el control y el poder. La Luna en la casa uno señala una fuerte influencia en sus sentimientos y en su estado de ánimo. La ventaja de esta posición es su habilidad para percibir los deseos y las necesidades de los demás…

Isabel hizo una pausa para tomar aliento; el presidente seguía su exposición con sumo interés.

—El Sol en la casa dos hace que los asuntos económicos de posesión sean la motivación central de su existencia. Su debilidad por el dinero incluye una tendencia a ser demostrativo. Su deseo de riqueza es por el poder que representa. Mercurio en la segunda casa sugiere que ganará mucho dinero aplicando su ingenio. También esta colocación indica que aprenderá a ser hábil en su trabajo a través de la experiencia personal. Venus en la casa tres indica que usted es un hombre de grandes pasiones. O ama o aborrece. Y en todas sus vinculaciones, sus impresiones son una mezcla de amor y odio que llega a manifestarse con intenso enojo hacia aquellos que ama. Si tiene cualquier diferencia de opinión con otra persona, la considera su enemiga. Le gusta halagar a los demás, trate de no confiar demasiado en esta habilidad para avanzar en la vida; la gente tiende a desconfiar de los aduladores, y debe tratar de ser honesto.

El presidente se levantó de su silla. Isabel hizo otra pausa y le preguntó si deseaba que continuara. Él hizo un ligero movimiento de cabeza para indicarle que podía seguir.

—Saturno en la casa seis muestras que usted encontrará muchos problemas en su trabajo. Tendrá que afanarse para conseguir lo que quiere, pero lo obtendrá, junto con la complacencia de saber que su éxito es el resultado de sus esfuerzos, en lugar de suerte. Urano en la octava casa nos sugiere que los cambios en su vida tienden a tomar espacio de modo repentino. Por otra parte, se resiste a cualquier transformación radical, pero llegarán presiones de improviso y con gran fuerza. También es proclive a los aspectos ocultos de la vida. Siempre quiere la respuesta a todos los misterios y enigmas, en busca de la comprensión que pueda lograr al respecto.

—Isabel, ¿esto no se puede abreviar un poco?

—Señor, ¿ve lo que le digo? Si quiere resolver el problema, debe ser paciente.

—Está bien, continúa.

—Marte en la casa doce significa que es posible que muestre interés por la religión, los ideales espirituales y lo sobrenatural. Se inclina por entablar contacto con esos aspectos ocultos. Su actitud puede ser el resultado de haber estado rodeado de personas que no le alentaban demasiado. Posee una voluntad fuerte y la gente se da cuenta de que con usted no se juega. Tiene todas las cualidades clásicas de Marte: confianza en sí mismo, coraje, osadía, independencia y agresividad. Odia detenerse en la vida o que se le restrinja. Quiere estar en movimiento constante y alcanzar nuevas experiencias. Posee mucha energía, pero la manifiesta de manera sutil por medio de la persistencia y la obstinación. No siempre logra moverse rápidamente, pero una vez comienza, le es difícil detenerse o cambiar de dirección. Tiende a trabajar en secreto y actúa a espaldas de las personas.

El presidente arqueó una ceja y miró con fiereza a la astróloga. Isabel interrumpió la lectura y tomó agua. Mientras tanto, el mandatario se mantuvo en silencio, parecía incómodo. Ella continuó.

—Urano, conjunción Saturno: un conflicto en los comienzos de este mes y hasta febrero del próximo año. En los actuales momentos de su vida, las estructuras que usted creyó confiables y permanentes están amenazadas por hechos repentinos. Se rompe una relación estable que se convirtió en una carga. Esto representa un serio conflicto. Júpiter, conjunción bajo cielo: en cuanto a sus necesidades más íntimas, será ineludible reexaminar su vida pasada para descubrir su yo interno. Es tiempo de atar cabos sueltos o enderezar cualquier aspecto de su vida anterior que afecte su presente de manera adversa.

Cuando Isabel De La Fuente terminó de leer la carta astral, el presidente la miró fijo al rostro antes de preguntarle:

—¿Percibes con claridad mi problema? A través de lo que indica la carta astral, ¿puedes darme alguna sugerencia de solución?

—Sí, señor, además puedo leerlo en su aura.

—¿En mi aura?

—Sí.

—¿Y eso también podría hacerlo otra persona?

—No, por supuesto; usted protege bien su aura.

—¿Por qué tú sí pudiste hacerlo?

—Tengo poderes y le dije que lo iba a sorprender.

—Estoy esperando, entonces.

—Hay dos hechos que lo atormentan: que se descubra su Hermandad, y el sentimiento de haber sido responsable por la muerte de su esposa.

—Ni lo primero es cierto, ni lo segundo.

—Las dos son ciertas. Lo que pasa es que la culpa permanece en su subconsciente.

—Te equivocas.

—Señor, yo puedo equivocarme, las cartas no.

—Es que yo no tuve nada que ver con la muerte de Maruja.

—¿Cree que, si usted no la amenaza, ella hubiera salido a conducir como una loca?

—Isabel… ¿voy a salir bien librado de este asunto?

—Sí, señor.

—¿Cuánto te debo por lo que me has dicho?

—¿Cuánto vale lo que le he dicho?

El presidente llamó a Arturo, quien le extendió un sobre. Había dinero adentro. Se lo entregó a Isabel. Ella miró en el interior.

—Señor, aquí hay mucho dinero.

—Te has ganado hasta el último centavo.

—¿Ya no se acostumbra a pagar con cheques?

—Ni para ti ni para mí es conveniente que esto se haga mediante documentos que puedan aparecer mañana en la portada de un diario. Y no te preocupes, ordenaré que seas custodiada hasta tu casa, o hasta el cajero nocturno del banco que indiques. Pero tengo una pregunta más: ¿hay algo importante en esta lectura que no te hayas atrevido a informarme?

—No, señor, si algún día necesita datos más precisos, entonces le recomiendo el Tarot.

—Por hoy está bien, te llamaré si vuelvo a necesitar de tus servicios.

—A la orden, señor presidente. Gracias por su gentileza.

Isabel salió de la habitación seguida fijamente por la mirada del presidente, quien advirtió el modo tan sensual en que se ajustaba el vestido, turquesa, de la mujer a las formas de su cuerpo.

CAPÍTULO 14

—Señor, ¿está satisfecho con lo que le dijo Isabel?

—Arturo, aún estoy analizando lo que me dijo. Por ahora debo esperar. A veces es mejor no actuar de inmediato frente al peligro; hay que esperar y bajar el ritmo de acción. A medida que el tiempo pase, se presentarán oportunidades inimaginables. Cuando forzamos el paso por temor, surgen muchos problemas y al final te encuentras en una situación de crisis constante, tratando de solucionar los líos que se han creado. Si te mantienes al margen y esperas, pronto encontrarás el momento adecuado para intervenir. Hay que dar la sensación de ser paciente, como si de antemano se supiera que todo se logrará.

—Señor, ¿y qué va a hacer con su suegra?

—No voy a hacerle caso. Cuando más atención se presta a un enemigo, más se fortalece. En un par de semanas nadie se acordará de ella. Es más, seré condescendiente y, ante los demás, la haré parecer como una demente. —Sí, pero la escena que hizo esa señora después del funeral fue terrible.

—Al contrario, la hizo parecer una loca de atar. Recuerda que nosotros mismos somos los que elegimos las cosas que nos molestan, pero también podemos escoger no prestarles atención. El poder radica en no dejarse arrastrar al enfrentamiento inútil, en especial con una anciana demente. Si eso no da resultado, entonces jugaré la carta del desdén y le daré la espalda para demostrarle que no puede dañarme. Hay que desviar la atención de la gente dejando claro que no se ha tomado en cuenta el ataque.

—Jefe, me imagino que va a mantenerla vigilada. No hay que descuidarse.

—Por supuesto, ya lo estoy haciendo. Hay que distinguir entre lo peligroso y lo molesto. Si es molestia se irá con tranquilidad por sí misma. Pero dejemos este tema, Arturo, ¿no te parece que es linda la Isabel De La Fuente esta?

—Hermosa, señor, hermosa.

Dos semanas después, el incidente del funeral dejó de tener importancia. Flora se sumió en una severa depresión, hablaba sola, veía a su hija por todos los rincones y lloraba a mares. Una de sus hermanas debió ingresarla en una clínica siquiátrica. El gobierno se hizo responsable de los gastos.

El presidente comisionó a su vocero para que rindiera un informe sobre su caída en las encuestas de popularidad, por primera vez desde que asumió el mandato. Las instrucciones fueron precisas: debía precisar las causas de esa percepción desfavorable. El crimen había disminuido en un 30 %, los robos a mano armada en un veinte y los accidentes de tránsito en un quince. Los programas de opinión abordaron el tema de un modo que le favorecía, al contrastar el bajón con los logros. La oposición, por su parte, no pudo usar esas cifras a su favor, pues sus argumentos fueron atemperados por la ferviente defensa del equipo gubernamental.

En uno de esos programas se acusó a la gestión presidencial de mafiosa. El secretario estaba indignado, pero cuando lo comentó con el presidente se dio cuenta de que él no le daba importancia:

—Arturo, todo el mundo, al decir mafia, se refiere a

las camarillas confabuladas en el dominio político. Por ejemplo, los grandes monopolios comerciales que son manejados por un pequeñísimo y selecto grupo de empresarios. A ellos se les llama mafia, aun sin tener ningún nexo real con las organizaciones criminales. No les hagas caso…, ellos son parte de una de las mafias de la desinformación.

Desde hacía varios años se había establecido una independencia en los poderes del Estado. Sin embargo, cuando había intereses económicos en juego, se especulaba con que el Ejecutivo apretaba tuercas para favorecer al poder económico. Las sospechas de estos manejos se incrementaron cuando el licenciado Mario García presentó, ante el Pleno de la Corte suprema de justicia, una demanda de inconstitucionalidad contra el párrafo final del artículo 106 de la Ley de seguros.

Allí se resaltaba que las fianzas que emiten las compañías aseguradoras deben cumplir con los reglamentos y modelos que establece la Contraloría General de la República, no así las emitidas por los bancos. En cuanto a la disposición constitucional infringida, el abogado aducía que se había violado el principio de igualdad ante la ley. Además, expresaba que la norma contradecía el artículo 20 de la Constitución, el cual expresa que las fianzas pueden constituirse mediante garantías bancarias o cheques certificados, documentos estos que son emitidos por los bancos, sin exigencia de alguna reglamentación, modelo o condición. Por lo tanto, la diferencia entre las fianzas emitidas por las compañías de seguros y las bancarias atenta contra el principio constitucional ya esgrimido.

El presidente le pidió a su secretario que contactara al magistrado encargado del caso.

—Señor, recuerde que la encargada es la doctora Marta Espinosa. Usted sabe que en el Órgano judicial es una de las pocas que no ha sido designada por usted. Además, es incorruptible y no se deja amedrentar fácilmente.

—Todos tenemos una debilidad que, en ocasiones, puede ser una inseguridad, una emoción o una necesidad incontrolable; o también un pequeño placer secreto. Busca el talón de Aquiles de la doctora Espinosa y cuando lo descubras, solo tienes que darle vuelta a la tuerca.

CAPÍTULO 15

La doctora Marta Espinosa es una mujer minuciosa y analítica, capaz de cumplir cualquier tarea. Es la más veterana en la Corte suprema y casi todos sus colegas consultan su opinión en los casos más complicados. Casada con un médico, ama a su esposo, pero su adoración es su única hija. Es una mujer abierta al cambio, valiente, determinada y orientada hacia sus metas. Su magnético encanto alienta a quienes la conocen, porque transmite la confianza de no buscar nada a cambio. Posee una fresca disposición y un sentido del humor contagioso, a pesar de su carácter férreo y temple de acero. Se trata de una dama idealista que aspira a un mundo perfecto.

Al secretario del presidente se le dificultó averiguar algo negativo sobre la doctora Espinosa, mujer discreta que no habla acerca de sus sentimientos ni de su vida privada. A pesar de que la magistrada es gentil con el personal subalterno, no íntima con nadie. Su único amigo en la Corte suprema es el doctor Alberto Caicedo, su compañero de la facultad de Derecho. Al principio, el secretario del presidente no tuvo suerte. Llegó a pagarle a la secretaria para que recolectara la basura de la doctora y diariamente la revisaba una y otra vez en busca de pistas que le permitieran conocer ese punto débil en el muro inquebrantable de tal guerrera. Una mañana algo llamó la atención de Arturo mientras revisaba la basura. Eran anotaciones sobre la cábala. Era extraño que una mujer como ella se dejara seducir por esos conocimientos místicos. Había oído hablar de eso, pero no conocía mucho del tema. La primera vez que escuchó el término, fue cuando un amigo, luego de dos intentos de suicidio, dijo haber encontrado su salvación en la cábala y que eso le había enseñado a disfrutar del presente eterno en armonía con su alma y su propósito en la vida.

El presidente le había dado carta blanca a su secretario para presionar a la magistrada a fallar en favor de las compañías de seguro. En primera instancia Arturo le minó el terreno. Llamó a un caricaturista amigo, al servicio de un tabloide, y le pidió que publicara unas caricaturas donde se viera a la magistrada como una bruja. Cuando el secretario del presidente vio las primeras caricaturas y soltó la carcajada. En ella se veía a la doctora Marta Espinosa entrando a la Corte en una escoba.

Esa mañana, mientras se dirigía a su despacho, la magistrada Espinosa percibió un ambiente extraño. Su secretaria privada escondió el periódico. El nerviosismo era notorio. La doctora le preguntó qué pasaba y ella permaneció en silencio. En ese momento entró el doctor Caicedo diciendo:

—Yo te diré lo que sucede.

Ambos entraron al despacho de la jurista y él le mostró el diario. Marta no pudo contener la risa.

—¿Qué clase de estupidez es esta?

—No tengo la menor idea, pero eres el festín de todos.

—Eso no me preocupa. Si lo dicen por mi aspecto, pues no veo cómo, me arreglo bien.

—Creo que es algo más, ¿deseas que investigue quién está detrás de todo esto?

—Claro que no, tenemos cosas más importantes que hacer.

Las caricaturas no cesaron y cada día la burla era más descarnada. Una mañana, la doctora Marta Espinosa recibió una llamada. El secretario del presidente le pedía que lo recibiera para un asunto importante, el cual no debería ser comentado con nadie. Por tratarse de Arturo Aparicio Álvarez, a quien se le reconocía una gran proximidad con el mandatario, la magistrada no dudó en citarlo de inmediato. Ella desconfiaba de los líderes políticos. Le hubiera gustado que ellos establecieran un gobierno realmente al servicio del pueblo. Su permanente desconfianza ya la había ocasionado algunos roces con los dirigentes de la clase gobernante, pero su trabajo exigía mantener canales de comunicación abiertos.

El secretario presidencial la saludó con toda cortesía; la magistrada le preguntó, en tono sobrio:

—¿Cuál es el motivo de su solicitud?

—Conversar un rato.

—Esto es absurdo, yo no soy su amiga y no tengo nada en común con usted. Si accedí a la petición suya fue porque considero que tiene algún asunto relevante que comunicarme y me interesa saberlo.

—Interés que voy a satisfacer con creces, no se impaciente.

La doctora Marta Espinosa se reclinó en su asiento con gesto de impaciencia. Arturo Aparicio Álvarez notó la actitud de la jurista y habló:

—Está bien. Deseo pedirle un favor en nombre del presidente.

El secretario hizo una pausa. La magistrada apretó los puños por debajo de la mesa. Sabía que uno de sus defectos era la impulsividad, pero debía controlar un estallido emotivo y usar la cabeza. El secretario continuó.

—Marta, ¿puedo llamarla por su nombre?

—No, no puede. Marta soy para mis amigos, para usted soy la magistrada Espinosa.

—Como usted desee, magistrada, el presidente me pidió que le preguntara cómo piensa resolver la demanda de inconstitucionalidad que afecta a las compañías de seguros.

La doctora Espinosa respiró profundo antes de responder. Sabía que en estos casos, la cólera es contraproducente. Debía mantenerse calmada y objetiva. Tampoco es bueno reprimir una respuesta airada, porque eso resta energía e impulsa a la gente a extraños comportamientos. Hay que cambiar de perspectivas y darse cuenta de que nada en el ámbito político es personal.

Como la mujer se mantenía en silencio, el secretario del presidente hizo mención a las caricaturas publicadas. Acto seguido, le preguntó a la doctora a qué se debía su interés en la cábala. Ella asumió una actitud indiferente y le restó importancia a esos comentarios. Entonces el secretario volvió a insistir sobre la demanda de inconstitucionalidad. La doctora Espinosa se levantó y respondió.

—Dígale al presidente que no comento mis fallos con nadie, absolutamente con nadie. Que no se atreva a enviarme ningún otro mensaje al respecto o lo acusaré de abuso de autoridad. Y ahora, por favor, usted sabe dónde está la puerta.

Arturo se sintió incómodo en ese papel desagradable. Salió casi corriendo del despacho jurídico. ¿Cómo se le ocurría al presidente ponerlo en semejantes aprietos?

Al llegar a la oficina, su jefe lo estaba esperando para conocer los resultados de la reunión. Como sabía que al presidente no le gustaban los rodeos, dijo:

—Señor, la magistrada se negó a cooperar.

—¿Qué te dijo?

—Que, si la presionaba, lo acusaría de abuso de autoridad.

—Me lo imaginaba.

—Además, señor, he pasado un mal rato, ¿piensa insistir en sus propósitos?

—Sí, pero tu participación cesa aquí, es suficiente. Acudía a las vías normales y fallé, ahora debo poner este trabajo en manos de Tito Blanco; él se encargará de ablandarla. Localízalo y dile que venga de inmediato a mi despacho.

Tito Blanco entró sonriendo al despacho presidencial, seguro de que el presidente ya lo había perdonado. Desde hacía seis meses solo veía al mandatario en los consejos de Estado. En todo ese tiempo no le dirigió la palabra ni una sola vez. Cuando él intervenía en alguno de los asuntos tratados, el mandatario le solicitaba a otro funcionario que le respondiera. Todos los miembros del equipo de gobierno se percataron de que Tito estaba siendo castigado. Ahora había sido expresamente citado al despacho presidencial. Haría lo que fuera para recobrar la gracia suprema.

—Siéntate Tito, tengo un trabajo para ti.

—Ante todo, señor presidente, permítame preguntarle cómo se encuentra de salud.

—Estaré bien cuando resuelvas este asunto que te voy a encomendar.

—¿De qué se trata?

—Quiero que ablandes a la magistrada Espinosa.

—No entiendo.

—No te hagas el inocente, que ese papel no te queda. Te voy a explicar lo que quiero.

—Pero…

—Cállate hombre, y por primera vez en tu vida escucha con atención.

—Diga entonces, jefe.

—Necesito que la magistrada Espinosa falle a favor de las compañías de seguros en la demanda de inconstitucionalidad. Tú sabes que ellos contribuyeron con mucho dinero a mi campaña.

—No se preocupe, jefe, tengo métodos que no fallan. Yo me encargo.

—No, no, no. Quiero discutir contigo los métodos. No quiero que te excedas.

—A usted solo le deben importar los resultados.

—No seas atrevido y dime en qué piensas.

—Mire, mi presidente, la doctora Espinosa es una mujer incorruptible, pero todos tenemos un lado débil. Un hueco en la armadura. Y yo sé cuál es el de ella.

—Te escucho.

—La bella doctora tiene una hija pequeña.

—¿Y eso qué tiene que ver?

—Mucho, y se lo explico. La podemos secuestrar y amenazamos a la doctora de que si no falla de acuerdo a sus deseos, los malvados secuestradores violarán a su nena. Le aseguro que de inmediato se ablanda.

El presidente se cubrió el rostro con las manos. Tito Blanco esperaba impaciente que el mandatario aprobara su plan. Sin embargo, el gobernante no dijo ni media palabra. Se levantó y dio varias vueltas por la oficina. Se detuvo y se sirvió un coñac. Lo tomó despacio.

Cómo piensa este miserable que voy a aprobar semejante barbaridad. Cuando mencionó a la niña, de inmediato recordé a Florita y me dieron ganas de matarlo con mis propias manos. Una cosa es que quiera presionar a la doctora y otra diferente que le haga daño a una nena pequeña e inocente. Ese es el punto débil de la doctora, pero también era el mío. Por mi niña hubiera dado mi vida. No sabe Tito que, con esta desgraciada idea, ha cavado su propia sepultura.

Con los ojos centelleantes, el presidente se acercó a Tito y tratando de contener la ira, le dijo en tono categórico que jamás permitiría que le hiciera daño a la niña. Que antes de permitir semejante aberración, prefería que el caso se perdiera en la Corte. Tito se despidió nervioso, la actitud del presidente lo sorprendió y atemorizó.

Semanas después, la magistrada Espinosa falló la demanda de modo contrario a los deseos del presidente. Esa mañana, en cuanto el mandatario entró a su oficina, su secretario le comentó el fallo.

—¿Sabes una cosa, Arturo? A pesar de todo, admiro a esa mujer. No se deja manipular por nadie y sus fallos siempre son con base en derecho.

—Señor, pensé que se iba a disgustar.

—No, ese es un mal menor. Mucho peor era la solución que pretendía Tito.

—¿Qué sugirió?

—No vale la pena hablar de eso.

—Me imagino que era uno de sus exabruptos, ese hombre es un desalmado.

—Desalmado, no, un hijo de perra es lo que es, y peligroso; no debemos perderlo de vista.

—Pero entiendo que Tito es su amigo.

—Tito no es mi amigo y nunca lo será.

—Siempre pensé que la relación entre ustedes era estrecha.

—Y lo es. Tito es uno de mis peores enemigos.

—No entiendo.

—Al enemigo hay que tenerlo cerca. Está allí para servir como medida del éxito. Para iluminar con su envidia las cosas buenas que hago y disfrutar de su frustración cuando nuestros asuntos salen bien. Lo peor que podemos hacer con un enemigo es tenerlo lejos del alcance. Pero hay que tener cuidado y no excedernos para evitar que aumente su beligerancia.

Al día siguiente, el presidente le pidió a su secretario que citara nuevamente a Tito Blanco. Este llegó casi de inmediato. El secretario lo hizo pasar.

—Tito, ¿quieres tomar algo?

—No, señor, cuando trabajo no tomo.

—No seas hipócrita, esta será una conversación amistosa.

—Mande usted, señor presidente.

—Necesito uno de tus trabajitos.

—¿De qué se trata?

—El procurador me está dando problemas.

—Usted ordene.

—¿Recuerdas las fotos que preparaste para chantajearme?

—Señor, no use esos términos que se oye feo.

—No estoy para eufemismos. ¿Lo recuerdas, sí o no?

—Sí, señor.

—Quiero que esta vez le tomes unas fotos y luego hagas un fotomontaje comprometedor.

—¿Y de quién las fotos? ¿Del procurador?

—No, de alguien a quien él quiere más que a sí mismo: su esposa.

—Eso es peligroso.

—¿Te estás acobardando?

—No, señor; lo que pasa es que debe conocer los riesgos.

—Los conozco. En cuanto tengas las fotos, me avisas.

—Bueno... Así se hará.

Días después, Tito Blanco llamó al presidente para informarle que tenía un juego completo de fotos de la esposa del procurador, que sería cuestión de entregárselas a un amigo suyo, quien haría con ellas maravillas. El presidente le pidió que mantuviera las evidencias en la casa, que cuando él las necesitara le pediría que se las entregase.

Esa misma tarde el presidente llamó al procurador para citarlo en un lugar privado. El mandatario llegó tarde al sitio de la reunión y el procurador ya se estaba irritando.

—Perdona, pero se me presentó algo de última hora. No sabes lo difícil que es gobernar un país como el nuestro.

El procurador asintió con la cabeza y el presidente continuó.

—Te sorprendería mucho que te citara en este lugar, pero el asunto a tratar es delicado.

El procurador se mantenía expectante, sin embargo, no dijo nada. El presidente continuó.

—No puedo revelarte la fuente, pero mandé a investigar a Tito Blanco. En los últimos meses, me ha ocasionado muchos problemas, incluso se ha atrevido a chantajearme. Y ahora va a hacerlo contigo.

—No entiendo absolutamente nada.

—Voy a ser más claro. Tito tiene fotos comprometedoras de tu mujer.

—Eso no puede ser. Yo confío plenamente en ella.

—No he dicho que sean auténticas, se trata de un fotomontaje. ¿Cómo crees que llegó al ministerio? Me extorsionó y ahora pretende hacerlo contigo.

—¿Y usted por qué lo permitió?

—Políticamente, no me convenía un escándalo. Hubiera sido mi ruina.

—No comparto su postura, pero lo entiendo.

—No sé cómo vas a resolver esto, pero de cualquier forma cuentas conmigo.

—Eso quiere decir que tengo su apoyo, porque Tito es de su círculo íntimo.

—Eso es lo que él quiere que crean, pero tienes mi apoyo total e incondicional.

Te llegó la hora Tito Blanco. Siempre pensaste que me tenías en tus asquerosas manos, pero te equivocaste cuando desafiaste al hombre más poderoso del país. No voy a tener piedad contigo. Te destruiré. No seré indulgente, jamás cometeré ese error. Puedo pecar de malvado, pero nunca de pendejo.

El viernes siguiente, a las once de la noche, la casa de Tito Blanco fue allanada por orden del procurador. Tito se encontraba mirando las noticias en la televisión, cuando sonó el timbre de la puerta. Él mismo acudió al llamado. Eran seis agentes de la Dirección de Investigación Judicial y el fiscal de turno. El representante de la procuraduría le entregó la orden de cateo. Tito palideció, se dejó caer en un sillón cercano y preguntó:

—¿Cuáles son los cargos?

—Extorsión, para comenzar.

Tito Blanco se levantó y se enfrentó al fiscal.

—¡Esto es una locura! ¡Llamaré al presidente!

Uno de los policías que cateaba el despacho, dijo:

—Encontramos las fotografías.

—¿De qué habla este hombre?

—Estás liquidado. Hallamos las fotos con las que chantajeaste al presidente y otras, las que pretendías usar en contra del procurador.

—La idea no fue mía.

—Señor, recuerde que todo lo que diga en este momento, puede ser usado en su contra.

CAPÍTULO 16

Tito Blanco fue conducido a las instalaciones de la Dirección de Investigación Judicial. Se sentía confundido. El agente le quitó el celular y sus otras pertenencias. Le informó que si deseaba ejercer su derecho de llamar a un abogado, le facilitarían un teléfono. No tenía a quién llamar. Además, sería imposible encontrar a un abogado que se atreviera a enfrentarse al presidente de la República y al procurador de la nación. Entonces recordó al secretario del presidente y decidió llamarlo. No eran amigos, pero Arturo era la única vía para llegar al presidente. Si él lograba comunicarse con el mandatario, tal vez lo perdonaría y levantaría los cargos en su contra.

Arturo Aparicio Álvarez recibió la llamada de Tito y le prometió hablar con su jefe a primera hora del día siguiente. En realidad, apenas colgó, llamó al mandatario a su número privado y le informó los detalles de la conversación. Sin inmutarse, el presidente dijo:

—Arturo, quiero que mañana vayas a ver a Tito y le digas que no tendré compasión de él. Que eso se lo buscó, por desafiarme. Ahora que se atenga a las consecuencias. Y que, si se atreve a incriminarme, usaré sus mismas tácticas, no tiene escapatoria. Está tan desprestigiado que todo lo que diga en mi contra será tomado como charlatanería.

El secretario no se atrevió a cuestionar la orden de su jefe, pero se sintió afectado. Nunca se imaginó que el presidente llegara a esos extremos. De repente sintió miedo. Estaba bajo las órdenes de un ser sin entrañas.

Al día siguiente cumplió con su encargo. Encontró a Tito Blanco exhausto, desaliñado y perturbado.

Parecía que hubiera envejecido diez años en una noche. Y, aunque el hombre no la merecía, sintió lástima por él. Nunca vio a nadie humillarse de esa manera. Cuando le dio el mensaje del presidente, Tito se arrodilló y suplicó como un niño indefenso. ¡Quién diría que un hombre tan despiadado, ahora implorara de una manera tan indigna! No le prometió nada, sabía que no lograría que el presidente cambiara de opinión y no deseaba darle falsas esperanzas. Cuando Tito comprendió que el secretario no iba a mover un solo dedo para ayudarlo, le dijo:

—Lo mismo te pasará a ti.

—No, porque yo no lo voy a traicionar. El jefe lo perdona todo, menos que lo traicionen y lo desafíen. Y tú hiciste las dos cosas.

—Los hago responsables de lo que me suceda.

—Adiós, Tito.

—...

Al llegar a la oficina, Arturo le comentó en detalle al presidente su conversación con Tito.

—jefe, temo lo peor, está desesperado.

—No va a atreverse a hacer nada. A pesar de ser un miserable, él no tiene otra opción que guardar silencio. Él sabe que está acabado.

—Señor, ¿y si comete una locura?

—Si eso es así, nos libraremos de esa rata.

Disfruté de la caída de Tito Blanco. Ejercer el poder en contra de los miserables me llena de satisfacción. Aplastar a las víboras me hace feliz. Muchas veces pensé en este momento, pero tenía mis reservas, pues Tito es un hombre peligroso; por otra parte, no hay enemigo pequeño. Sin embargo, la sugerencia de hacerle daño a la hija de la magistrada desencadenó mi furia. Esa fue la gota que rebosó la copa. Tito Blanco, te castigo en nombre de mi niña fallecida. A los canallas, que son capaces de dañar a los niños, hay que exterminarlos sin misericordia.

Esa mañana, el presidente llegó a su oficina más temprano que de costumbre. El secretario estaba hablando por teléfono, alarmado.

—Señor, no se imagina lo que ha sucedido.

El presidente no respondió y entró a su despacho sin mirar a su secretario, quien lo seguía de cerca.

—Jefe, Tito Blanco desarmó a uno de los guardias y escapó de la D. I. J.; en los estacionamientos apuntó el arma a una mujer que estaba llegando; le exigía el auto para escapar; dicen que gritaba que venía para la presidencia a arreglar todo… Le dispararon, está muerto.

—Sí, hombre, cálmate, ya lo sé.

—Señor, ¿usted lo sabía?

—Sí, Arturo.

—Pero acaba de ocurrir en este instante.

—Lo sabía, te digo, además ¿qué quieres que haga? No puedo lamentarme por este suceso, Tito ha sido víctima de sus propias intrigas. No nos amarguemos la vida por una sabandija.

Arturo permaneció de pie ante su jefe. Sentía asombro y desconcierto ante su reacción. Claro que Tito Blanco no era un ser de apreciar, pero fue alguien cercano al mandatario, y ahora era como si nada hubiera pasado.

Días después, el presidente recibió la visita del procurador de la nación, quien le hizo entrega de un sobre cerrado.

—Señor presidente, deseo entregarle personalmente estas fotos y estos discos compactos con toda la información extraída de la computadora del ahora fallecido ministro. Hay documentos y fotografías que involucran a mucha gente importante en este país, incluyéndonos a usted y a mí. Creo conveniente que sea usted el que los destruya; le aseguro que en la Procuraduría no quedan indicios de esta investigación, pues yo mismo me encargué del caso. Le recomiendo que no se le ocurra conservar estos documentos, pues son basura tóxica. Con la muerte de Blanco prescribe la causa.

El presidente metió las fotos, sin mirarlas, en el triturador de papeles, quebró en varias partes los discos compactos y después levantó la mirada. El procurador asintió con la cabeza, en un gesto de aprobación, antes de volver a hablar:

—Yo hice lo mismo con las fotos de mi esposa. Ella no está enterada de nada, no era justo mortificarla.

—Hizo lo correcto.

—Sí, señor, usted sabe lo sensibleras que son las mujeres.

—Bueno, no se hable más del caso. Debemos reconocer que salimos bien librados.

La muerte de Tito Blanco pasó rápido por los diarios y la televisión. Después nadie la mencionaba y la vida recobró su normalidad.

Los dos últimos años de mandato fueron difíciles para el presidente. Su popularidad había bajado y los miembros de su partido estaban al borde de la insubordinación. La primera manifestación de descontento hacia el presidente fue rechazar al candidato recomendado por el Ejecutivo para ocupar el cargo de presidente de la Asamblea legislativa. La bancada propuso su propio candidato, quien años atrás había sido acusado de peculado. El mandatario montó en cólera. Lo que menos convenía a sus planes era colocar a un ladrón como presidente de la Asamblea nacional, precisamente en la etapa electoral de su período. Lo citó a la presidencia.

—Manuel, me imagino que sabes por qué estás aquí, ¿eh?

—No lo tengo claro, pero sospecho que le ha molestado mi aspiración a presidir la Asamblea. Sé que usted tiene su candidato, pero recuerde que existe la independencia de poderes.

—Te equivocas, en este país, mientras yo sea el presidente, nada, absolutamente nada, es independiente y si no puedes con eso, será mejor que te atengas a las consecuencias.

—Señor, usted no puede tratarme como si fuera su sirviente. Yo soy diputado de este país y le exijo respeto.

—No tengo tiempo para hablar idioteces. Te lo repito. No te me enfrentes, porque voy a destruirte sin ninguna consideración. Ahora, retírate.

Manuel Alvarado salió del despacho presidencial iracundo. Al pasar frente al secretario, le dijo.

—Voy a demostrarle a ese cabrón que no le tengo miedo.

Las elecciones para elegir al presidente de la Asamblea sufrieron un retraso. Manuel Alvarado no sabía qué pensar. Sus compañeros le habían prometido el voto, pero no confiaba, sabía que el presidente tenía mucho poder, un poder basado en la intimidación. Sin embargo, aún conservaba una esperanza, ya que desde el año anterior se había establecido la votación electrónica, que era más segura y confidencial que la nominal. Después del resultado, se escuchó en el recinto la voz airada Manuel Alvarado.

—¡Cobardes!

CAPÍTULO 17

En los meses siguientes la situación política se desarrolló con demasiada normalidad, y la Asamblea hizo lo que deseaba el presidente, pero este se sentía incómodo, ya que le satisfacían los retos. Necesitaba acción y él se encargaría de poner calor en el escenario político.

—Arturo, ahora que las reformas constitucionales están aprobadas, voy a anunciar mi interés de reelegirme; voy a presentarme en la próxima contienda electoral, pésele a quien le pese. El Tribunal Electoral ya tiene listo el anuncio y solo es cuestión de hacer la convocatoria formal al referéndum que validará esta decisión y que dejará abiertas las puertas para mi campaña.

—Señor, ¿contempló todos los pros y los contras? —preguntó el secretario sin poder contenerse.

—Los pros, solamente; de lo demás me encargó yo.

—¿Tiene usted fe en que se aprueben estas reformas?

—Aunque parezca una locura, es el momento adecuado. El país necesita por cinco años más a un hombre como yo.

El secretario guardó silencio. Su sorpresa era tal que, por primera vez, se sentó frente al presidente. Con anterioridad, cada vez que el mandatario lo llamaba a su despacho, él permanecía de pie. Al darse cuenta de su desliz, se levantó rápidamente.

—No, Arturo, vuelve a sentarte. Tú eres mi único amigo y deseo conocer tu opinión.

El tono de la conversación no solo revela el grado de confianza ya adquirida por Arturo, sino la estimación del mandatario. Era la primera vez que le decía que lo consideraba su amigo y además, su único amigo. El secretario no sabía qué hacer ni qué decir. La situación era incómoda, pero él se preciaba de ser un hombre honesto.

—Señor, me siento halagado con su amistad, y debido a tan alto honor, me veo obligado a ser sincero con usted.

El secretario hizo una pausa y el presidente aprovechó para animarlo.

—Estás en libertad de decirme lo que piensas.

—Creo que debe consultar esta decisión un poco más con sus asesores.

—Tú sabes que no los tengo. Pero pensándolo bien, sí tengo una asesora, Isabel De La Fuente. Siempre te he dicho que no solo es mi bruja, sino mi asesora. Sabe más de política que muchos de estos pendejos que presiden los partidos políticos. Aunque es un poco maquiavélica. Pero en política eso es bueno, porque te ubica en la realidad. Y ella tiene algo que nadie más tiene…

—¿Qué es?

—¿No se ve a simple vista? Su belleza, hombre…

—Es cierto, pero usted ha atravesado muchas crisis y justo ahora que todo retornó a la tranquilidad, usted quiere alborotar el avispero.

—Ahora es el momento, he superado muchos problemas y las encuestas me favorecen.

—Señor, la oposición se va a oponer.

—Pues, eso es lo que se espera de ellos, ¿o no?

—Vamos a suponer que se aprueben las reformas. ¿Cree usted que ganaría las elecciones?

—Dalo por hecho; fíjate que pese a todos los pronósticos y críticas logré que se incluyera que no tengo que separarme del cargo para correr como candidato; basta con que el Tribunal Electoral constate que no estoy haciendo uso de los fondos públicos.

—No sé, perdone señor, pero no soy tan optimista.

—Arturo, reúnete con relaciones públicas, que convoquen una conferencia de prensa conjunta con el Tribunal Electoral para mañana a las nueve; de modo que la información salga en las noticias del mediodía.

—Sí, señor, así lo haré. ¿Va a consultar siempre a la bruja?

—A Isabel, hombre, a Isabel. Llámala y dile que nos veremos en el lugar de siempre esta noche. Nada se pierde.

El secretario se comunicó con la astróloga y ella le garantizó que acudiría sin falta a la cita con el presidente. Isabel se retrasó, pero cuando el mandatario la vio llegar, enfundada en un vestido negro, de lentejuelas brillantes y cuello en forma de V que dejaba al descubierto sus bien torneados senos, no pudo reprimir una oleada de calor que le invadió todo el cuerpo.

—Estás preciosa, Isabel, valió la pena la espera.

—Señor, usted sabe cómo somos las mujeres, jamás salimos sin arreglarnos.

—Pues aquí me tienes, totalmente… hechizado.

—Pensé que iba a decir embrujado… Atrévase, no tenga pena.

—Adivinaste. ¿Vas a tomar algo?

—Agua, solo agua. A ver, ¿cuál es la preocupación ahora?

—Tú sabes que ya están listas las reformas a la Constitución, ahora debo convocar a un referéndum.

—Que habrá de permitir su reelección.

—Estás bien enterada.

—Es lo que se comenta en todas partes. ¿Y cuándo piensa realizar la consulta?

—Más o menos a finales de septiembre.

—No le recomiendo esa fecha.

—¿Por qué no?

—Porque Mercurio está en retrógrado.

—¿Y eso qué tiene que ver?

—Muchísimo, porque se afecta la comunicación. Si al gobierno le interesa que la consulta tenga éxito, tendrá que poner cuñas en los medios de comunicación, y con Mercurio en retrógrado no le garantizo buenos resultados. La desinformación que suele confundir al pueblo en los eventos plebiscitarios, sumada a la estrecha relación existente entre algunos partidos políticos opositores y la imagen televisiva con gran capacidad de manipulación, puede dar un resultado contrario a sus deseos.

—Yo no creo en esa vaina de Mercurio en retrógrado, pero por las cochinas dudas, te voy a hacer caso. ¿Qué me aconsejas?

—Adelantarlo o atrasarlo. Eso depende de su manejo del tiempo.

—Está bien. ¿Qué prueba me recomiendas para consultar las posibilidades de éxito?

—Las runas.

—¿En qué consiste eso?

—La práctica adivinatoria con las runas es una de las tradiciones menos conocidas y ya casi ha caído en el olvido. Las runas están compuestas por símbolos y alfabetos. También es una forma de magia, posturas de meditación e incluso gestos rituales. Su origen se remonta a la Edad del Bronce, o quizás a un tiempo más lejano.

—Comienza, entonces, estoy impaciente.

Isabel sacó las runas de su bolsa de terciopelo, hizo una especie de ritual y las tiró. Con voz firme, dijo.

—La primera runa: el Dagaz (al revés). Esta runa anuncia un período de logros y prosperidad. La oscuridad ha quedado atrás, comienza la luz. Sin embargo, no pierda tiempo pensando en el futuro y siga comportándose impecable en su nueva situación. Todavía queda mucho trabajo por hacer. Esta es una etapa de grandes cambios.

El presidente sonrió, pero no dijo nada. Isabel continuó con la segunda tirada.

—La runa Perth. Iniciación, algo oculto, secreto.

Simboliza lo que está más allá de nuestros poderes de manipulación. Esta runa, que representa el cielo, está asociada al Ave Fénix, quien se consume en fuego y renace de sus propias cenizas. Es una runa secreta y oculta. Aquí trabajan fuerzas profundas; sin embargo, lo que se logra no es fácil, ni se puede compartir. Algo relacionado con esta situación está oculto y permanece secreto. Esta runa anuncia sorpresas, logros, reconocimientos y recompensas que no había anticipado. También está simbolizada por el vuelo del águila. Un vuelo vertiginoso, libre de toda atadura, alzándose por encima de la continua red de la vida ordinaria para darle una visión más amplia.

Esta vez el presidente no movió un solo músculo del rostro. Estaba pensativo y silencioso. Isabel procedió a la tercera tirada.

—La runa Isa significa permanecer quieto, retirado, hielo. El invierno de la vida espiritual está aquí. Tal vez se encuentre enredado en una situación de la que no es consciente en cuanto a sus implicaciones. Puede sentirse impotente y tentado a entregarse, a doblegarse o a sacrificar algún anhelo. Los logros positivos son poco probables en este momento. La actividad está detenida y sus planes en compás de espera. Tal vez esté experimentando una pérdida de energía a la que no está acostumbrado y se pregunte por qué está sucediendo.

Isabel interrumpió la lectura y tomó un sorbo de agua. Miró al consultante y continuó.

—Un viento helado lo está alcanzando a través de los hielos de decisiones que no debieron tomarse. Tratar de aferrarse a sus errores puede ocasionar una apatía total, un sentido de perder el contacto con la vida. Busque hasta descubrir a qué se está aferrando y suelte lo que perpetúe esa condición, déjelo ir. Descarte, libere, suelte, limpie lo viejo; hacerlo le traerá el deshielo. Normalmente, Isa simboliza un sacrificio del yo personal.

El presidente se estaba impacientando; en ocasiones, Isabel De La Fuente lo sacaba de quicio. Se levantó de la silla y se le acercó. Ella hizo una pausa, entonces él le pidió que concluyera.

—En este momento no debe depender del apoyo y la ayuda de sus amigos. Sin embargo, no hay motivo para sentir ansiedad. Lo que estaba lleno, debe vaciarse. Lo que ha aumentado, deberá disminuir. Es la ley del flujo y el reflujo. Someterse a ella es demostrar valentía y sabiduría. Y con todo, hay otro aspecto al permanecer quieto. Isa anuncia un tiempo de restauración y renovación profundas. En su soledad, sea precavido y no trate de persistir obstinadamente en hacer su voluntad.

—Ahora tradúceme lo que significa toda esa perorata.

—Señor presidente, la interpretación es clara. La primera runa anuncia prosperidad. La confusión y los graves problemas han quedado atrás. Y eso es cierto. Eso es lo que yo llamo pasado inmediato. La segunda runa anuncia un secreto que usted ha arrastrado toda su vida. Es algo que usted no se ha atrevido a compartir, tal vez porque lo considera peligroso. Creo que es la fuente de su poder y simboliza el vuelo del águila. Esa runa se refiere al presente. La tercera runa le aconseja mantenerse quieto, porque usted está enredado en una situación que puede tornarse peligrosa. Los logros son poco probables en este momento, sus planes están en compás de espera, evite hacer su voluntad. Esta se refiere al futuro.

—Isabel, eso significa en pocas palabras que debo desistir del referéndum.

—Sí, señor, así lo interpreto yo.

—Es la primera vez que no te voy a hacer caso. De todas formas estaré prevenido sobre los supuestos peligros de las runas.

—Señor, permítame hacerle una pregunta. Antes quiero recordarle que siempre le he dado pruebas de mi lealtad y discreción, pero hay algo que siempre le sale en todas las consultas.

—¿A qué te refieres?

—Señor, la sociedad secreta.

—No lo he comentado nunca con nadie, pero tú eres la persona que más me conoce y te lo voy a decir. joven, por recomendación de mi padrino, me asocié a los *illuminatis*. Fue en cierta forma para darme importancia; sin embargo, lo que me ha llevado al poder no es esa sociedad. Es el proyecto 666.

Isabel sonrió y se tapó la boca para no soltar la carcajada.

—No te rías, que esto es serio. No creas en la mala propaganda que hacen los grupos religiosos del Anticristo. Esto es más complejo. Es un nuevo sistema económico, político y social para La Unión Europea, con el fin de edificar un paraíso en la tierra. Es un proyecto ambicioso. Nosotros vamos a fundar una religión mundial que de verdad simbolice y defienda a Dios.

El presidente hizo una pausa y puso mayor énfasis en sus palabras.

—Para nosotros es difícil luchar contra las predicciones de la Biblia acerca de que el 666 es el Anticristo. Pero pronto manifestaremos que el 666 significa la felicidad y el progreso para la humanidad. Los que censuran y denigran nuestro proyecto son los sucesores y representantes de los mismos que ayer traicionaron y asesinaron a Jesucristo.

Isabel estaba consternada, un sentimiento de ahogo la embargó; no obstante, no podía demostrar lo aterrada que estaba. El presidente bajó el tono de voz, como si temiera que lo escucharan, continuó.

—Hemos establecido dieciocho reformas al cristianismo y al islam. Con el hijo 666 y el poeta Mahoma lograremos esa unión. El fanatismo y el dogmatismo han mancillado el nombre de Dios y son los causantes de los peores crímenes contra la humanidad. Otro de nuestros objetivos es formar parte de un gobierno místico Mundial. Un Estado Federado Mundial, y construir el Tercer Templo de Jerusalén. También vamos a crear un código monetario único que abarque todas las transacciones económicas y comerciales. Este proyecto terminará con las potencias económicas del crimen organizado y con el tráfico de drogas.

El presidente se levantó y dio un paseo por la sala del apartamento.

—Ciudadanos, líderes políticos, hombres de negocios, millonarios e instituciones financieras de todo el mundo están invirtiendo dinero en el proyecto. Los intereses y la seguridad de inversión son mayores. La confidencialidad es nuestra mayor garantía.

—Señor presidente, me sorprende. ¿Usted cree que el mundo está preparado para estos cambios?

—Por esa razón, mantenemos oculto nuestro proyecto. Eso no significa que no se haya puesto en marcha. Tú sabes que una de las limitantes para activar un plan tan ambicioso es el dinero. Para nosotros no existe esa limitante, tenemos todo el dinero del mundo, pues el poder económico nos respalda. Por otra parte, el poder político está en nuestras manos. No hay cabos sueltos. Isabel, la libertad, la igualdad, la justicia, el progreso, la felicidad y el amor, no son ningún regalo. Hay que conquistarlos. Tenemos que luchar, tenemos que merecerlo. Y hay cabida para gente inteligente, como tú, Isabel.

La mujer se mantuvo en silencio. Una sensación de miedo le recorrió el cuerpo. Ella siempre había admirado a ese hombre que había sido capaz de enfrentarse a muchos obstáculos y enemigos para mantenerse en el poder. Pero ahora se daba cuenta de que estaba involucrado en un plan demencial, inverosímil, peligroso. Esa historia jamás podría revelarla a nadie. Sabía que el silencio sería su seguro de vida.

Ella deseaba dar por terminada la reunión con el presidente, pero no sabía cómo hacerlo. Además, había otra pregunta que le rondaba en la mente.

—Los objetivos de este proyecto coinciden con los de la Hermandad de la Serpiente. ¿No es así?

—Tengo más de dos años de no ser contactado por la Hermandad, pero diariamente me comunico con los líderes del Proyecto 666. ¿Ves la diferencia?

Una llamada al celular del mandatario interrumpió la conversación.

—Dile que iré enseguida —respondió el presidente.

Antes de retirarse, dijo:

—Isabel, ¿ahora entiendes la necesidad del referéndum? No puedo dejar el gobierno en manos de ineptos que destruirían todo este trabajo. No tengo opción, debo prolongar mi mandato.

Isabel no respondió, pero asintió con la cabeza, dando a entender que estaba de acuerdo. Entonces, de modo sorpresivo, el presidente la tomó por los hombros y con suavidad la atrajo hasta él, como si fuera a decirle un secreto, como si fuera a estampar un leve beso en su mejilla. Pero en vez de eso, hizo que sus labios rozaran los de ella; solo un roce cálido y perturbador que la dejó de una pieza. No tuvo palabras para contestarle cuando él salió con pasos largos, diciéndole:

—Arturo tiene algo para ti, preciosa. Volveremos a vernos pronto.

El presidente de la República, con el respaldo de la firma de todos sus ministros, elaboró el decreto para la convocatoria del referéndum. El mismo se planificó y se llevó a cabo en un término de cien días. Esto fue tan inesperado, que la oposición no tuvo tiempo de preparar una efectiva campaña publicitaria contra las aspiraciones reeleccionistas del presidente. Por lo tanto, recomendó el voto nulo y el voto en blanco.

La campaña del gobierno fue eficaz y contundente. Por esa razón, ninguno de los analistas políticos entendió el fenómeno del abstencionismo. El acto de votar no es únicamente concebido como un derecho, sino como un deber fundamental. Dejar de cumplir con él se considera un acto reprochable. Sin embargo, por primera vez en la historia, el ciudadano consideró que era libre de ejercer o no ese derecho.

Cierto que el referéndum fue una iniciativa del presidente, y que la participación en el mismo podía servir para medir su poder de convocatoria. Pero no era correcto afirmar que el elevado nivel de abstencionismo reflejaría necesariamente un alto rechazo a la reelección, ni mucho menos un repudio al mandatario. Destacadas personalidades hicieron pública su decisión de abstenerse, explicando que consideraban ilegítimo el procedimiento empleado y manifestando su adversidad hacia el presidente. Pero resultaba injusto atribuir a esa posición el grueso de las abstenciones.

Los defensores del gobierno expresaron que sería inexacto pretender que el número de las abstenciones o de los votos negativos serviría para medir el rechazo. Eso sería una mera especulación que no se justificaba; lo que valían eran los votos efectivos. Era evidente que parte de las abstenciones estaba formada por personas que rechazaban la reelección. Pero también hubo un alto porcentaje que se abstuvo por indiferencia a la convocatoria.

Al presidente le tenía sin cuidado que calificaran el abstencionismo del 60 %, como un rechazo a la reelección; lo importante era que el voto afirmativo había superado con creces a los negativos.

Desde este punto de vista, el resultado puede considerarse un triunfo, a pesar de que el caudal de votos de apoyo ha disminuido comparado con las elecciones presidenciales. Esto, en mi opinión, de ninguna manera puede considerarse un fracaso, porque esta disminución de apoyo no ha significado aumento del respaldo a ningún partido, grupo organizado o persona que mantenga una posición adversa a la mía.

Semanas después del referéndum se inició la actividad electoral. El presidente se sintió complacido cuando supo que Antonio Pascal volvía a la contienda.

—Si me lo gané una vez, lo volveré a hacer —era común escucharle en los distintos foros.

Pero se sorprendió al saber que Pascal estaría acompañado por Facundo Ledezma en la vicepresidencia.

Cuando Facundo pudo ingresar al país, siete meses después de su viaje a España, traté de sobornarlo, pero no pude. Posiblemente, no llegué a su precio o se negó para fastidiarme. Entonces lo amenacé y tampoco dio resultados. Sin embargo, después de esas dos entrevistas, el hombre no volvió a salir a la palestra pública. Perdida su base de apoyo principal en SUDOR, se mantuvo a la sombra con bajo perfil. Hasta me olvidé de él. Ahora, el cabrón aparece como candidato a vicepresidente con el hijo de puta, ese que tanto odio. Este hombre sí sabe dónde dar la pedrada. Lo que no entiendo es cómo una persona como Antonio Pascal, de rancia aristocracia, puede hacer alianza con un comunista de mierda. ¿O será que también lo está haciendo para joderme?

Antonio Pascal no era el único candidato de la oposición, había dos más. Se reunieron muchas veces, pero no lograron ponerse de acuerdo. Uno de los candidatos tenía vínculos con el gobernante y el comentario general era que había sido asignado para dividir a la oposición. Antonio Pascal no tenía fondos para su campaña política, pero aquellos que votaron negativamente o se abstuvieron en el referéndum para la reelección, expresaron su deseo de contribuir con su campaña. Por primera vez en la historia, hubo donaciones hasta de diez centavos.

El presidente empezó a mostrar signos de preocupación cuando se publicó la primera encuesta en la que aventajaba a Antonio solo por dos puntos. Sabía que el margen de error en las encuestas es del tres por ciento. Los otros dos candidatos no marcaron en la consulta y uno de ellos expresó su decisión de hacer alianza con el opositor más fuerte.

El presidente había nombrado como jefe de campaña a su secretario, quien renunció a su puesto en la presidencia para poder actuar como tal. Además, le ofreció un contrato a la empresa de Isabel De La Fuente para que se encargara de su imagen. En varias ocasiones Arturo e Isabel le propusieron intensificar la campaña publicitaria. Deseaban crear algunos programas de televisión, pero el presidente se había negado aduciendo que él era hombre de acción y no de palabras. Sin embargo, una mañana el presidente les pidió a ambos que contactaran a los medios para proponerles programas que incluyeran debates con los demás candidatos.

—¿Estás listo para un debate?

—Por supuesto, Isabel, el público prefiere la excitación escénica del debate entre los líderes porque les permite presenciar un enfrentamiento simbólico que permite identificar habilidades, miedos, astucia, pasiones.

—Caramba, entonces vamos al debate…

El canal de televisión con mayor audiencia en el país aceptó el reto y efectuó la confrontación entre los candidatos presidenciales. El moderador hizo preguntas directas a los participantes, quienes expusieron sus estrategias para el desarrollo sostenible, combatir la pobreza, la política energética, así como el desarrollo social y político laboral. Al abordar este último tema, los candidatos coincidieron en la importancia de aprobar, a la mayor brevedad, una reforma sobre la materia. También coincidieron en la necesidad de una nueva reforma tributaria más equitativa, que fortaleciera las finanzas públicas por medio de una mayor recaudación, pero difirieron en sus características y prioridades.

Para Antonio Pascal, sus prioridades eran concretas.

—Las prioridades de un gobierno y un Estado se reflejan en su presupuesto, pero cuando se promete educación, salud, empleo y otros servicios, y no se les asigna lo suficiente para cubrir los gastos que conllevan, entonces se convierte en pura demagogia y mentira.

También insistió en la necesidad de disminuir el gasto público corriente, específicamente en el rubro de salarios, así como la eliminación de la corrupción. Sobre este tema, acusó a todos aquellos funcionarios que al término de sus gestiones habían amasado fortunas que ni en cinco vidas habrían podido acumular.

Después de las afirmaciones del candidato Pascal, el moderador le preguntó cuáles eran sus promesas de campaña.

—Ninguna. Las promesas generan rechazo, porque todos prometen cuando quieren captar votos, pero al llegar al poder, nadie cumple.

El presidente prefirió guardar silencio. En cierta forma, él había cumplido con sus promesas de campaña, pero la percepción general era diferente. Y en política la percepción es realidad.

La evaluación del debate presidencial fue favorable a Antonio Pascal en cuanto a claridad, mayor conocimiento, seguridad y credibilidad. Al enterarse de los resultados, el presidente tuvo uno de sus accesos de enojo.

Es cierto que no tenía una estrategia definida y sabía que eso era un grave y peligroso error. No podía continuar en estado de distracción. En las últimas horas, había sido incapaz de mantener la mente concentrada. Si el pensamiento se dispersa no se puede acertar al corazón del enemigo. La mente y la flecha deben convertirse en una. Solo con esa concentración puede la saeta dar en el blanco. Tendría que buscar la manera de aniquilar a sus contrincantes o estaría perdido. Además, debía sacarse de la mente a Isabel De La Fuente, esa mujer lo traía loco.

CAPÍTULO 18

En la siguiente encuesta, Antonio Pascal seguía aventajando al presidente por dos puntos. No era tarea fácil enfrentarse a un hombre como el presidente, ya que él contaba con todos los recursos del Estado para promover su candidatura, si bien de manera solapada. Por otra parte, tenía otras fuentes de ingresos, ocultas, pero existentes.

Aunque Antonio supuso que habría un incremento en la agresividad de la campaña de su oponente, no esperaba que se repitiera un golpe bajo, como el de la campaña anterior. Sin embargo, se equivocó. Esa mañana, cuando abrió el periódico sufrió una terrible impresión. En primera plana aparecía su foto junto a la de un connotado empresario que había sido detenido días antes en el principal aeropuerto mexicano y acusado de narcotráfico. Ahora se descubría que era el principal benefactor de la campaña de Pascal.

Los resultados de esta artimaña para desmeritar a Antonio Pascal fueron devastadores y así lo demostró la encuesta publicada por uno de los diarios tres días después. Esta vez el presidente aventajaba a su rival político por siete puntos. En el centro político del candidato de oposición reinaba la tristeza y el desconcierto. Antonio ofreció una declaración donde adujo que, para todo el país, el detenido era un hombre honesto, dueño de varias empresas en la región; agregó que las acusaciones hechas en México dependían de un proceso que aún ni siquiera se había abierto. Pero él sabía que la herida sufrida era letal.

Antonio Pascal no estaba de acuerdo con las campañas sucias y negativas, pues las mismas tienen como objetivo atacar a los contrincantes para lograr el triunfo electoral a toda costa, sin importar los medios utilizados. Esa estrategia no toma en cuenta las artimañas de que se valgan, sino los resultados. El único objetivo es hacer perder popularidad al adversario. El equipo de campaña de Antonio lo convenció de que les permitiera métodos similares, en función de su legítima defensa. Para muchos, el origen de la sucia campaña estaba en la presidencia de la República y era el momento de responder sin miramientos y con las mismas armas.

Cuando existen rencillas, rencores y desavenencias, las luchas solo agravan la situación, pues se radicalizan las posturas o la intensidad y la violencia del conflicto. La campaña política de Antonio Pascal contaba con un grupo de asesores que analizaban las fuerzas políticas y sociales interactuantes en el medio, sabiendo que una de las grandes ventajas de la planeación de estrategias es que, de antemano, se pueden definir escenarios bajo la premisa de lo que podría pasar.

En la oficina del presidente el ambiente era diferente. El jefe de campaña estaba complacido, aunque en un inicio se opuso a utilizar esas armas poco ortodoxas, su jefe lo convenció de que en política, el fin justifica los medios.

La respuesta a la campaña sucia del presidente contra Antonio Pascal no se hizo esperar. A dos de los diarios de mayor circulación llegaron copias de un cheque girado desde la cuenta discrecional del presidente por la suma de cien mil dólares a favor de su ex jefa de protocolo, Julieta De La Guardia, quien ahora era funcionaria de Relaciones Exteriores en Singapur, y a quien además se le recordaba como amante del presidente.

El mandatario enfureció con las publicaciones. Negó el hecho aduciendo que se trataba de una calumnia y explicando que el cheque había sido girado de su cuenta personal. Le sorprendió que se utilizaran esas artimañas en su contra, pero el incidente le demostró que el candidato de la oposición le había perdido el miedo.

Un evento desafortunado tuvo lugar durante la caravana que protagonizó la oposición. Al final de la Calle 50, un francotirador disparó contra el automóvil del candidato, hiriendo a la esposa de Antonio. El pánico cundió en la escena del atentado y algunas personas abandonaron sus vehículos para buscar protección en los locales cercanos. Antonio, desesperado, tomó a su esposa en brazos mientras pedía a gritos que llamaran una ambulancia. Cuando se percató de que no había forma de que los rescatistas llegaran hasta su esposa, corrió con ella en brazos hacia el primer auto de la fila. El mismo era conducido por una mujer que temblaba apoyada en el volante del vehículo.

—Señora, por favor, llévenos al hospital.

—No puedo conducir. No puedo, gritaba histérica.

—Está bien, lo haré yo.

Antonio recostó a su esposa en al asiento trasero y le pidió a la mujer que se sentara al lado de ella. Condujo a alta velocidad. Cuando llegaron a la clínica, un equipo de médicos atendió a la señora de Pascal y, después de una operación, le explicaron al candidato el estado crítico de su esposa.

El presidente se reunió con su equipo de campaña. Ellos no habían preparado ese atentado y no se explicaban quiénes podrían estar detrás del hecho. El presidente llamó al procurador y le ordenó que de inmediato se encargara del caso. Necesitaba al culpable lo antes posible. El mandatario ofreció declaraciones a los medios de comunicación negando su participación en el hecho. Era una de las primeras veces que decía la verdad, pero nadie, absolutamente nadie le creyó. «Alguien planeó este atentado para incriminarme», pensó el presidente.

Días después, la esposa de Antonio Pascal fue dada de alta del hospital, pero pese a su recuperación física quedó afectada de los nervios.

Una extraña visita desconcertó al presidente. Un hombre de aspecto siniestro se le acercó a la entrada de la sede de su partido.

—Hola, hermano.

—No tengo hermanos, ¿quién es usted?

—Sasquatch, ¿no me reconoces?

El presidente palideció. Estaba ante uno de los miembros de la Hermandad. Cada uno de ellos se identificaba con un apodo y ese era el suyo, pero siempre odió que lo llamaran de esa forma.

—Hablemos en mi oficina.

Caminaron en silencio, mientras el mandatario eludía algunas personas que deseaban hablarle. Fue directo a su oficina y se encerró bajo llave con el visitante.

—¿A qué se debe esta visita? Estoy ocupado.

—Pues pronto lo estarás mucho más. Debes estar preparado para la próxima reunión de la Hermandad.

—¿Reunión de la Hermandad? Así es: hay una conspiración para apoderarse del mundo mediante alianzas por la energía, la posesión del agua potable y el oxígeno del planeta…

—Eso me suena traído de los cabellos. ¿Quiénes están planeando eso?

—El gobierno secreto. El proyecto principal es dominar al mundo a través de carencias artificiales de estos elementos; luego se los facilitarán a los que se sometan y exterminarán a los que se resistan.

—¿De qué gobierno secreto me hablas?

—Existe un gobierno solapado, del cual tenemos que cuidarnos mucho; es el poder detrás del poder, los verdaderos gobernantes del mundo.

—Voy a ser sincero, ahora mismo no tengo tiempo para eso. El país está revuelto y estoy en plena campaña electoral, así es que no puedo acudir a ninguna reunión de este tipo.

—Le informaré de esto a la Hermandad.

—Tengo mis motivos.

El extraño individuo abandonó la oficina del mandatario sin despedirse. El presidente, entre meditabundo y preocupado, hizo una llamada desde su celular.

—Jan, ¿cómo estás?

—Señor presidente, tanto tiempo sin saber de usted—le dijo con ironía—. Desde que eres presidente, no te has dejado ver.

El presidente no deseaba dar explicaciones de su distanciamiento. No había llamado para eso, sino para justificar su ausencia.

—Habrá una reunión de la Hermandad y no podré asistir. Por favor, excúsame con el jefe, dile que tengo muchos problemas en el país y que ahora no puedo dejar mi puesto.

—Recuerda que ese cargo que tantas cuidas nos lo debes a nosotros.

—No lo he olvidado. Pero me es imposible ir.

—Tú sabes perfectamente lo que implicará tu ausencia. No les gustará nada.

—Está bien, asumo las consecuencias.

Como si yo tuviera tiempo para demencias propias de películas de ciencia ficción. No tienen nada que hacer e inventan truculencias. Tantos problemas reales pendientes de resolver en el mundo y me vienen con esa sarta de estupideces. Que se vayan para el carajo. Ya no soy el mismo hombre de antes. Ahora soy el presidente de este país y me debo a él.

El presidente se encontraba preocupado, pues sentía que su equipo de campaña le estaba fallando. Por esa razón, decidió pedirle a Isabel De La Fuente que le ayudara con su «visión especial» como llamaba a sus trabajos quirománticos. El mandatario no permitió que lo acompañara nadie de su equipo de seguridad, decidió ir él solo al encuentro con Isabel.

Por primera vez en mucho tiempo experimentó en carne propia la incomodidad y la desesperación del tráfico vehicular. El embotellamiento era espantoso. En salidas anteriores, el Servicio de Protección Institucional se encargaba de despejar el área, pero ahora deseaba pasar inadvertido y que nadie lo ubicara. Los automóviles no se movían y de nada valía la destreza del conductor. Estaba atrapado.

—Tenemos una ciudad con enormes edificios millonarios, pero las calles son inadecuadas y no cumplen con su función —pensó para sus adentros.

Llegó a «La Casita Blanca» y pasó al lado del centinela que montaba guardia en la entrada, quien se sorprendió al verlo llegar solo. Le dio instrucciones de que dejara pasar de forma inmediata a Isabel De La Fuente, apenas se apareciera. Ella llegó pocos minutos después y se reunieron en el piso 13.

Esta vez ella prefirió consultar el Tarot. Primero efectuó la invocación cabalística a los ángeles de la luz para que le revelaran lo que el destino le tenía reservado al presidente. Luego, hizo los cálculos para determinar la carta del arquetipo del consultante: la Carroza. El mensaje de esta carta es sencillo. Solo puede existir una persona detrás de las riendas de la carroza. El conductor es simbolizado por el héroe guerrero que logra dirigir a las dos bestias, una negra y otra blanca, representativas de las emociones polarizadas. El conductor puede controlar las emociones extremas, pero no todas a la vez. Es la esencia del autocontrol, la lucha del bien y del mal.

El presidente sonrió con ironía, pero Isabel ignoró el gesto y le solicitó que cortara las cartas en tres grupos: pasado, presente y futuro. Por el pasado salió la baraja del Loco, que significa la insensatez y la ofuscación al tratar de conseguir lo que se quiere. El Loco anuncia lo inesperado, la aventura. Puede indicar seguridad en sí mismo, pero también necedad. El Loco es la novedad, un cambio, una aventura o simplemente un nuevo enfoque para un viejo problema.

Isabel volteó la carta del presente.

—El Emperador. Cuando esta carta aparece invertida, representa una pérdida de poder. Corrupción o debilidad. También puede advertirnos que en contra tenemos a un hombre fuerte, de firme constancia para lograr sus metas y propósitos. Es culto, competente, perseverante en sus ideas y poco favorable al cambio. Por ello representa la riqueza, la estabilidad, la solidez, la plenitud, el acceso a un poder. Controla su autoridad a través de su inteligencia. Es un hombre que reflexiona antes de actuar.

Isabel levantó la última carta, la del futuro.

—La Torre. Esta carta revela una crisis o el cierre traumático de una etapa. La Torre nos habla de inestabilidad: fuego, truenos, rocas y cuerpos que caen; es obviamente algo problemático. Indica cambios drásticos y probablemente no deseados, alteración rápida y dramática de la rutina. Con ella se evidencian descalabros y rupturas. Los períodos de crisis y los cambios drásticos hacen que el individuo exprese y canalice su faceta más creativa, siempre y cuando esté dispuesto a asumir el riesgo de seguir adelante y sin dejarse amilanar por las catástrofes, las pérdidas y las conmociones.

El presidente se levantó y acercándose a Isabel, se sentó a su lado, tomando una de sus manos entre las suyas.

—Querida Isabel, ¿crees que ese hombre tan poderoso que sale en el Tarot sea...?

—¿Antonio Pascal? No, no lo creo.

—Entonces, ¿quién es?

—No pienso que debas temerle a un candidato democrático.

—¿De qué estás hablando?

—Según el Tarot, el peligro es otro. La combinación del Loco, el Emperador y la Torre indican que la situación que tienes que enfrentar es...

Isabel guardó silencio. Su semblante pálido y temeroso reflejaba su gran nerviosismo.

—Mujer, ¿qué te pasa?, jamás te había visto tan vacilante.

—Es que temo equivocarme y alarmarte sin necesidad.

—Entonces no digas nada. Basta con tu silencio que yo sabré interpretar; así, cierra los ojos para que yo pueda imaginarte dormida.

Las palabras del presidente fueron envolviendo a Isabel poco a poco, como en una red tendida desde la eternidad para ella y solo para ella. Los labios cálidos del hombre se posaron sobre los suyos y ella imaginó que las puertas del cielo se abrían de par en par y que entraban juntos, cabalgando en unicornios blancos como los de sus sueños recurrentes.

Creo que lo mejor sería abandonar mis planes y dejar que la vida llevara las riendas por mí. Pero no puedo hacerlo, porque mi voz interior me acusaría de actuar como un cobarde y de ocultarme tras unos falsos temores. Supongo que hay momentos en la vida en que la obcecación, la tozudez o el orgullo toman el control de nuestros actos y nos obligan a lanzarnos desbocados hacia la consecución de ese único objetivo. Pero, oh Dios, Isabel es tan hermosa…

Sobre el amplio lecho, concebido para atender con discreción a presidentes y ministros que visitaban el país, Isabel permanecía recostada en el hombro del presidente. Dos lágrimas bajaban de sus hermosos ojos.

—¿Por qué lloras?

—No lloro, solo pienso en los caminos que nos aguardan.

—Si estás conmigo, todo será más luminoso.

—No lo sé… el Tarot anuncia que recibirás una sorpresa que te va a desconcertar y a distraer del verdadero peligro.

—Isabel, mi amor, suelta de una vez eso que tanto te perturba.

—Son ellos…

—Pero ¿quiénes, mi vida?

El celular del presidente sonó con el tono característico que indicaba que se trataba de Arturo Aparicio Álvarez, la única persona a la que él le habría contestado en ese momento.

—¿Qué pasa, Arturo?

—Señor, no se imagina lo que ha pasado.

—Mira, con el misterio de Isabel tengo suficiente. Déjate de rodeos, tú sabes que conmigo hay que ir al grano.

—Señor, regresó...

—¡Coño!, ¡¿quién?!

—Sara Ortiz

—¡¿Sara Ortiz?!

—Sí, señor, viene a formar parte del equipo de Antonio Pascal; ya está dando unas declaraciones devastadoras en una entrevista que le hacen; sintonice la televisión.

Rufino De León Bustamante, el presidente, sonrió. Volvió a ver a la hermosa mujer tendida a su lado y le dio un beso largo.

—Mi vida, ahora sé quiénes son los que salen en tu Tarot… son ellos: Pascal y Ortiz. Ahora sí tendré rivales dignos en esta contienda.

Isabel no encontraba las palabras adecuadas para atemperar su angustia, pero llenándose de valor, dijo:

—No, mi cielo, Sara no se vería como una amenaza tan grande para ti. Ella es una mujer digna, ama la democracia y no utiliza métodos oscuros. Las fuerzas que se te oponen son siniestras y usan armas peores que las tuyas. A su lado, tú con todas tus estrategias, por más invictas que sean, parecerás un niño de pecho.

—Isabel, te estás pasando en tu menosprecio.

—Perdóname, pero es lo que dicen las cartas. Tú ni siquiera sospechas de qué se trata. Lo que se te avecina es un peligro terrible…

Varios golpes en la puerta llamaron su atención. Alguien desde afuera pedía que abrieran. Ambos se vistieron aprisa y De León Bustamante corrió a la entrada y abrió la puerta: una docena de hombres uniformados y fuertemente armados, comandados por Fernando Moreno, el ex jefe de Policía, ocuparon el apartamento. Detrás de ellos se ocultaba un hombre; cuando el presidente quiso descubrir su identidad, se percató de que era Jan, su hermano de logia, quien en tono burlón se dirigió a él con estas palabras.

—Te advertí que no era recomendable desafiarnos.

El comandante Moreno hizo una seña y dos de los guardias pusieron las manos atrás al mandatario y le colocaron las esposas.

—¿De qué se trata esto? Usted no tiene ninguna autoridad, Moreno.

—Bajo su régimen no, señor, pero las condiciones de juego han cambiado; hay un gobierno nuevo que se encargará de conducir al país por mejores caminos...

—¿Bajo qué autoridad están ustedes?

—Bajo la nueva autoridad, señor, la que ha ordenado su detención por los cargos de homicidio contra la señora Maruja Arango, aparte de otras acusaciones de carácter administrativo que se le detallarán tan pronto estemos en la sede de la Policía Nacional.

Isabel De La Fuente temblaba como una hoja, a doce pasos de allí, frente a un hombre armado y con pasamontañas sobre el rostro, en actitud de impedirle cualquier movimiento. Contra ella no había órdenes de arresto, le comunicaron antes de marcharse, mientras en su llanto solo atinaba a decir:

—Llegaron. Son ellos. Llegaron... Llegaron los bárbaros.

OBRAS PUBLICADAS

Caminos y encuentros
Y era lo que nadie creía
Travesías mágicas
La noche oscura
La cárcel de temor
Roberto por el buen camino
La raíz de la hoguera
Los ángeles del olvido
No hay Trato
Mujeres en fuga
Agenda para el desastre
Niña bella
El retorno de los bárbaros
El crepitar de la Hoguera
Diagnóstico: N. P. I.
Los misterios del olvido
El arcoíris sobre el pantano
El poder desenmascara
Un grito desde el silencio/ el oscuro abismo del bullying
El murmullo de la sombra
Vida de compromiso
La noche no dura para siempre
Se presume culpable
Veinte años Después
La burbuja invisible
Solo en la noche se observan las estrellas
¿Qué vamos a hacer después de lo que nos hicieron?
En el umbral del olvido

www.ingramcontent.com/pod-product-compliance
Ingram Content Group UK Ltd.
Pitfield, Milton Keynes, MK11 3LW, UK
UKHW041825200726
13854UKWH00002BA/556